PINUCCIO

ANNESSI E CONNESSI

LA VITA AL TEMPO DEI SOCIAL

MONDADORI

Pubblicato per

MONDADORI
ELECTA

da Mondadori Libri S.p.A.

Progetto grafico e copertina di Zampediverse

ISBN 978-88-918-2937-5

Prima edizione: settembre 2020

Anno 2020-2021-2022 Edizione 1 2 3 4 5 6 7 8 9 10

SOMMARIO

LA FELICITÀ AUMENTATA

ORONZO E LA FELICITÀ AUMENTATA

Mi sono sempre chiesto se le persone che conosco siano felici. La felicità altrui, il modo di affrontare i problemi sono sempre un metro di valutazione della nostra vita. "Guarda Gaetano come riesce a sorridere nonostante i guai che ha...".
Osservare gli altri è un modo per capire se stessi. Se un tempo mi preoccupavo delle persone che frequentavo, oggi la mia curiosità si rivolge anche ai miei contatti sui social media. E quando osservo gli altri sui social cosa vedo? Vedo quasi esclusivamente felicità. Ma è tutto vero? Non credo o, perlomeno, sono convinto che ci sia tanto altro. Prendendo spunto dallo scrittore Haruki Murakami, secondo il quale "la felicità è una fiaba, l'infelicità un romanzo", mi viene da dire che siamo circondati da fiabe che mostrano una parte di noi non del tutto vera o che raccontano soltanto frammenti della nostra vita.

"Ragazzi si parte" è il post pubblicato prima di un viaggio da Oronzo, un amico che conosco da tempo. Dopo qualche giorno, sul suo profilo sono apparse foto di isole greche accompagnate da frasi come: "Finalmente, dopo tanto lavoro, un meritato riposo e una vacanza da sogno".

A metà vacanza, altre foto e altre didascalie cariche di entusiasmo: “Il viaggio continua verso luoghi meravigliosi”. Verso la fine della vacanza, il post conclusivo: “Finisce oggi un viaggio straordinario e irripetibile, purtroppo ora si ritorna alla routine e al duro lavoro”.

È stato spiazzante per me scoprire che Oronzo non si era mai mosso da casa sua durante le ferie, anzi, a essere precisi, non si era mai mosso dalla casa della nonna, alla quale ha chiesto ospitalità per un paio di settimane. Ma, a dirla tutta, più che in ferie Oronzo era in vacanze forzate, dopo che l’avevano licenziato e gli avevano bloccato l’auto con un provvedimento amministrativo.

La verità è venuta fuori da sua nonna, che ha svelato l’inganno alla mia, all’uscita della chiesa. Mia nonna ovviamente si è precipitata a riferirmi tutto, lasciandomi, come dire, perplesso.

Quello stesso pomeriggio sono passato al bar e ho visto Oronzo. Mi sono avvicinato per il solito saluto, lui mi ha offerto un caffè e mi ha raccontato che era stata dura ricominciare dopo un periodo di ferie particolarmente rilassante. L’ho lasciato parlare, anche se era chiaro che Oronzo stava continuando a prendermi – o meglio a prendersi – per i fondelli propinandomi una bellissima fiaba.

“Sai, Pinuccio, le isole greche sono uno spettacolo, e poi non costano molto, basta solo saper scegliere i locali giusti”.

Ho deciso di partecipare alla farsa.

“È vero Oronzo, conosco bene la Grecia, però se non hai visitato l’isola di Sparatrap non puoi dire di essere stato nella Grecia più bella”.

Ovviamente un nome inventato al momento, buttato lì per fargli capire che avevo qualche dubbio, ma lui non ha colto.

?

"Sparatrap? Bellissima, ho mangiato in un posto sul mare stupendo. Anche se si fanno pagare, eh...".
Non ho avuto il coraggio di dire a Oronzo che sapevo tutto, ma il nostro incontro mi è servito come spunto per alcune riflessioni.
La prima cosa che mi ha colpito è il modo in cui si è evoluta la fiaba. Anche negli anni Novanta molti millantavano vacanze inesistenti, ma non dovevano preoccuparsi di costruire elaborate messe in scena. Oggi, invece, persone come Oronzo sono costrette a far ricorso a software tipo Photoshop per trasformare immagini prese da Google in scatti perfetti da vacanza perfetta. Non oso immaginare cosa potrà succedere quando Oronzo scoprirà nuove tecniche per manipolare le immagini, tipo quella del green-screen. Lo vedrò sicuramente seduto a un tavolo ovale con qualche capo di stato in uno dei suoi post su Instagram.

Questa vicenda mi ha portato a una seconda riflessione, che si è affacciata nella mia mente dopo che ho scacciato l'immagine di Oronzo e del green-screen. La realtà e la finzione sono difficili da distinguere sui social, questo è un dato di fatto, ma cosa ci induce a inventare una vacanza solo per dimostrare a chi ci sta intorno che abbiamo avuto un'estate da sogno?
Se ci pensiamo bene, la vacanza dovrebbe portare gioia a chi la vive e non a chi la osserva da spettatore. Da qui un grosso dubbio: da cosa deriva la nostra felicità oggi,

dall'esperienza di determinati momenti o dalla loro rappresentazione?
Definirei questo processo "felicità aumentata", ovvero un tipo di narrazione che ci porta a descriverci più felici, ricchi, belli e appagati di quello che siamo nella realtà. È lo stesso meccanismo che spinge un altro mio amico a riempire le sue pagine social di foto con auto costosissime. Si mette in pose studiate mentre finge di aprire la portiera di una Ferrari, di una Porsche o di una Maserati, e poi posta le foto tutto fiero sul suo profilo. Peccato che, ad allargare bene le immagini, non si possa non notare che in mano ha solo un mazzo di chiavi di casa o al massimo quelle della Punto. Io non so perché faccia tutto questo. Penso, però, che dietro a comportamenti come il suo e quello di Oronzo ci sia un problema. Dovremmo, quindi, porci un'altra domanda: perché abbiamo bisogno di rappresentarci felici?

Una delle risposte che mi sono dato è che inconsapevolmente siamo condizionati dagli idoli della nostra epoca, gli influencer. Personaggi che per mestiere mettono in mostra la loro vita privata facendola apparire più felice possibile, perché, come vedremo, la felicità è uno strumento di marketing molto efficace. Amori felici, bambini felici, gite e vacanze da sogno. E, per una sorta di meccanismo di aspirazione ed emulazione, anche noi mortali utenti dei social media proviamo a raccontarci allo stesso modo.

TUTTI INFLUENCER

Nel 1935 lo scienziato e filosofo Claude Lévi-Strauss andò in Brasile per studiare la vita della popolazione indigena. Oltre che di un taccuino si era attrezzato di una macchina fotografica, anche se dubitava che gli indigeni si sarebbero fatti fotografare facilmente. Temeva che potessero sentirsi derubati della loro intimità, della loro anima. Quei timori si rivelarono infondati. Molte donne indigene si recavano spontaneamente nella sua tenda per farsi fotografare e a volte chiedevano perfino di essere pagate. La morale di questa storia ci aiuta a capire il fenomeno degli influencer: non mi importa che tu invada la mia privacy purché io possa trarne un beneficio.
Attorno al mondo degli influencer gravitano giri d'affari impressionanti. Gli introiti dipendono soprattutto dalla loro credibilità, dal tipo di pubblico che raggiungono, dalla loro capacità di comunicare e dal numero di follower. Secondo "Il Sole 24 ore", nel 2018 un post su Instagram di Kylie Jenner, che aveva all'attivo oltre 160 milioni di follower, valeva un milione di dollari. Uno di Cristiano Ronaldo (che superava i 200 milioni di follower) valeva 750.000 dollari e uno di Chiara Ferragni circa 19.500 dollari.
Sono anche queste cifre spropositate a spingere le persone comuni a emulare gli influencer, con risultati spes-

so ridicoli. Tempo fa mi sono imbattuto in uno scatto di una ragazza in autoreggenti intenta ad aprire una "buatta" di pomodori. Alle sue spalle un capannone dismesso con tanto di cani randagi attirati dall'odore del cibo. Non si trattava di una foto artistica ambientata in uno scenario da post rivoluzione industriale, ma di un tentativo casalingo di proporsi come testimonial di qualche marca di pelati. Scorrendo il profilo della ragazza, ho trovato altre foto improponibili: una per pubblicizzare un dentifricio scattata nel bagno di una veranda abusiva, con uno scaldabagno arrugginito e l'ombra di un parente che stava facendo la doccia in secondo piano; un'altra fatta in piena estate per promuovere un costume da bagno, davanti a un mare marrone, un depuratore dalle tubature gialle e blu e una famiglia intenta a mangiare la parmigiana di melanzane. Sotto le foto, lo stesso messaggio: "Per promuovere la vostra azienda, contattatemi in privato".

In un'altra occasione mi sono imbattuto nel profilo di Lil Miquela, una ragazza sbarazzina, solare e lentigginosa, ma soprattutto seguita da quasi due milioni di follower. Lil Miquela ha diciannove anni e, oltre a essere una influencer, fa la top model e la musicista. All'attivo ha già vari brani che hanno avuto un discreto successo. Le sue foto postate ritraggono una vita fatta di serate al pub con gli amici e momenti legati alla sua vita professionale. Tutto normale finché il profilo di Lil Miquela non è stato hackerato. A quel punto qualcuno le ha chiesto di rivelare la sua identità. Dopo pochi giorni lei è uscita allo scoperto: "Non sono un essere umano. Sono un robot",

REGOLA 1

FARSI SCATTARE FOTO DI SPALLE CON SEDERE IN EVIDENZA E METTERE UN POST SULLA SOLITUDINE, AD ESEMPIO: "RITROVARSI CON SE STESSI È IL PRIMO PASSO". IN ALTERNATIVA VA BENE UNA FRASE DI UN POETA RUSSO.

ha scritto in un post. Lil Miquela, infatti, è un avatar, un'immagine realizzata al computer che ha fatto innamorare, discutere e illudere molti utenti veri. Un'operazione costruita a tavolino che, a quanto si dice, ha fruttato oltre un milione di euro. E anche dopo che l'inganno è stato svelato, i follower di Lil Miquela hanno continuato a crescere. Questo caso dimostra quanto sia sempre più difficile distinguere tra fake e realtà. La tecnologia ci sta trasformando in persone dal look fake: siamo abituati a modificare pesantemente la nostra immagine sui social al punto che quelle generate al computer passano inosservate.

I miei aspiranti influencer preferiti, però, sono quelli che non ambiscono ai guadagni ma alla fama. Quelli che vivono uno scatto imperfetto come un fallimento aziendale. Perché, come gli indigeni, sanno che l'immagine ha un valore e nelle foto devono necessariamente apparire belli, sorridenti e soprattutto vendibili. Il caso più eclatante che mi viene in mente è una influencer a cui darò un nome di fantasia, Ninetta. Quando non era ancora famosa, Ninetta ha partecipato a una trasmissione di un'emittente locale, un programma per single che cercano l'anima gemella. Nei video in cui si presentava al pubblico parlava in un italiano maccheronico misto a un dialetto stretto. I suoi appelli erano folcloristici più che seducenti. Anche fisicamente non rispecchiava gli standard televisivi. Insomma, era del tutto fuori contesto. In pochi giorni, però, i suoi video hanno cominciato a girare sul web e sono diventati virali. Ninetta ha iniziato a fare serate in discoteca e partecipazioni in TV. Il suo personaggio ha ispirato diverse parodie radiofoniche. Ninetta era diventata un fenomeno – purtroppo per lei – da baraccone. E mentre tutto il mondo si prendeva gioco di lei, Ninetta ha scambiato quel clamore per un successo vero, basato su un apprezzamento autentico. Probabilmente a confonderle le idee hanno contribuito i dirigenti della piccola TV locale che l'ha lanciata, che devono aver fiutato l'affare e si sono trasformati in manager e cattivi consiglieri. Le sue comparsate erano più adatte a spettacoli circensi che a talk televisivi, ma per Ninetta quel mondo fantastico era realtà. Si sentiva bella e apprezzata anche davanti a didascalie umilianti e a scherzi di cattivo gusto. In quel momento aveva un pubblico suo e lo coccolava dando il meglio di sé. Ma, come accade spesso con i fenomeni del web, i riflettori su Ninetta si sono spenti in fretta. E anzi la sua storia si è conclusa in tribunale, dove i suoi manager hanno dovuto rispondere di accuse pesanti tra cui "sequestro di persona".

La sua vicenda può sembrare un caso di cronaca un po' estremo, ma il modo in cui Ninetta ha affrontato la popolarità inattesa e la sua incapacità di distinguere tra derisione e apprezzamento sincero sono atteggiamenti molto diffusi. Li ritrovo tutti i giorni nei profili social di quelli che chiamo "malati di felicità aumentata".

I MALATI DI FELICITÀ AUMENTATA

Ho un caro amico che si chiama Sabino e che spesso mi aiuta a riflettere sulla vita. Sabino non ha profili social e come cellulare usa solo un vecchio Nokia, di quelli che possono inviare soltanto sms e che al ventesimo messaggino hanno già la memoria piena. Eppure Sabino ha capito benissimo come usare il web e il fenomeno della felicità aumentata per fare soldi. Una volta l'ho incontrato in giro, mentre faceva foto a un ragazzo che era un incrocio fra un tacchino e un facocero. Durante gli scatti Sabino continuava a ripetere il suo nome: "Gerardo guarda a sinistra", "Gerardo rincorri il gabbiano". E alla fine del lavoro gli ha dato anche qualche suggerimento su come gestire il suo profilo social: "Mi raccomando, come nome scegli Gerardo Official, ti consiglierei Gerry, ma c'è già Scotti. Comunque per le foto sono 230 euro".
Il book fotografico di Gerardo Official era caratterizzato da location stile "matrimonio meridionale" e pose tipiche da social, come il famoso "muso da bacio". Da quel che mi racconta Sabino, questa posa è un toccasana per nascondere le rughe e affinare il volto. Ma Sabino ha una soluzione anche per molti altri problemi. Hai un naso troppo lungo? Una bella foto dal basso verso l'alto mentre guardi le nuvole e la tua pinna da orca assassina

sembrerà una piuma. Vorresti farti una foto in costume, ma hai la pancia di uno che si è appena bevuto venti birre? Sdraiati sulla sabbia a pancia in giù oppure entra in acqua fino al petto. Hai la cellulite? Evita foto con le gambe accavallate e senza calze e, se proprio non puoi farne a meno, fai foto in bianco e nero, che è la soluzione a quasi ogni problema. Secondo Sabino il bianco e nero funziona più dell'acqua di Lourdes e dà anche quel tocco di romanticismo che non guasta mai. Se hai pochi capelli, però, può aiutarti solo un cappello, oppure puoi ricorrere a inquadrature ristrette: dal sopracciglio al mento. C'è poi il problema dei piedi, che sono una moda dell'estate, ma creano una serie di difficoltà non indifferenti. Se te li ritrovi simili a due zampe di gallina investite da un intercity, con unghie che sembrano fossili di lichene o radici di liquirizia e gli alluci orientati verso la Via della Seta, non ti preoccupare: ecco quattro trucchi by Sabino per mascherare i tuoi difetti. Le prime foto le fai con i piedi in acqua, senza metterli a fuoco. Per le foto successive cercati una prateria di cimodocea (pianta acquatica diffusa nel Mar Mediterraneo e nell'Oceano Atlantico) o al massimo di posidonia (pianta marina presente solo nel Mediterraneo) e nascondi gli arti tra il fogliame. Come soluzione estrema puoi coprire i piedi infilandoli nella sabbia, che funziona sempre, oppure – versione per intellettuali – con un libro aperto. Grazie a tutti questi trucchi anche Gerardo Official, che nella realtà sembra un incrocio tra un lama tibetano e un tacchino russo, in foto appare un po' meno bello di Leonardo di Caprio, ma giusto un po'. Gerardo è un tipico esempio di "malato di felicità aumentata", che potremmo catalogare sotto il fenotipo "Official".

Chi è l'Official? È un utente Instagram con un numero esiguo di follower, che nel profilo sfoggia l'appellativo "official" o "real" accanto al nome. Quindi, Gaetanino Official, Filomena Frasugli Real e così via. La prima cosa che viene da pensare in questi casi è: "Avrà scritto 'official' perché è un personaggio importante e teme che possano nascere imitazioni del suo profilo". E invece no. A quanto pare, gli Official sono convinti che un giorno diventeranno famosi. Secondo Sabino, che è anche un fine sociologo, lo fanno per emulazione oppure fanno parte della famosa schiera dei "tu non sai chi sono io". Ecco, appunto, non lo so, ma, visto che ti sei messo "official", ora ti studio.

I fenotipi Official cercano in ogni modo di emulare le celebrità. Il vip si fa la foto alle Maldive in una certa posa e loro la ripropongono identica ma da una spiaggia del Lazio. A questo proposito, mi viene in mente una ragazza, sempre della stirpe degli Official, che in un selfie ostentava un vestito elegante, ma sullo sfondo lasciava intravedere uno stendino con calze e mutande di un parente. La stessa ragazza, in un'altra foto, si ritraeva intenta a fare shopping come le grandi fashion blogger, ma invece dei negozi del centro di Parigi visitava le bancarelle del mercato rionale di un paesino della provincia di Caserta, con tanto di cartelli sullo sfondo: "Muso di maiale a 15 euro al chilo!", "Melone rosso alla prova!".

Mi sfugge quale sia il loro percorso mentale. Perché "TaninaScardascioneOfficial"? Forse perché la Rete è impersonale e Tanina vuole dirci: "Sì, sono io, unica e sola, e ci metto 'l'official'?". Penso a mia zia, che alle cinque di pomeriggio è capace di postare messaggi tipo: "Scusate se oggi non sono riuscita a scrivere nulla, ma ho avuto molto da fare". Ora, con tutto il bene che posso volere a mia zia, il mondo di certo non si stava chiedendo che fine avesse fatto. Nasce tutto da un bisogno di autoaffermazione? Non so rispondere, ma questo non è un libro di risposte.

Nelle loro bio alcuni Official scrivono descrizioni lunghissime: "Il vero, l'unico official, seguitemi #travel #world #sonounico #seguimichetiseguo #senonmiseguitiinseguo #pertraslochichiamame #ilveromaschioitaliano #foodefritti #weareinspinazzola #stabeneachiballa #lemietettesonovere". A volte ho pensato che gli Official fossero i veri portatori di verità, gente che aderisce a un movimento per l'affermazione dell'individuo, che combatte il qualunquismo sui social.

Ricordo un Official che ha rapito la mia attenzione. Sul profilo esibiva foto di lui in spiagge simili a discariche accompagnato da donne con unghie più lunghe del bastone dell'ombrellone. La sua bio, però, mi ha fatto ricredere: "Sono io, l'unico, il solo, mare, amici, viaggi, travel, love. La vita è troppo breve per sprecarla a realizzare i sogni degli altri". "Cavolo! – mi sono detto, – una citazione di Oscar Wilde! C'è della cultura". Peccato che leggendo tra le didascalie di altri suoi post abbia trovato frasi del tipo: "Maria ti ricordi in questo sfratto di spiaggia io te sole amore quore?", "Basta con i politici! Noi giovani non siamo come ci pittate, abbassa la casta viva la maritocrazia", "Non faccio gli auguri l'otto marzo perché la festa delle donne è tutti i giorni e tutti i giorni le femmine possono andare a vedere i spogliarelli con i cubani che si mettono i soldi nelle mutante, se sono fidanzate o maritate, previo permesso al marito. Non capisco quelli maschilisti che date la mimosa oggi e non gli altri giorni". Oppure, la migliore: "Non serve una laura per essere pregiudiziati male".

In una calda serata d'estate, dopo che il mio amico Sabino mi ha fatto esagerare con le birre, mi sono spinto ad affermare che questi Official sono dei nuovi missionari nella giungla del web, portatori di messaggi dal futuro e alcune volte anche di una nuova lingua. Poi l'effetto dell'alcol è svanito, sono tornato coi piedi per terra e ho continuato a osservare le loro foto. "Scrollando" Instagram si trova ormai di tutto, dal capello leccato con filtro luce su uno scoglio appena ripulito dal catrame alla foto in palestra con sollevamento pesi ed ernia in fase di esplosione inclusa. Insomma, gli Official non sono un movimento di resilienti, sono altro, anche se non so bene cosa.

Una volta, in Veneto, mi trovavo a pranzo in un grande ristorante di periferia frequentato da piccoli e medi imprenditori. Al tavolo vicino al mio c'erano due donne, presumibilmente tra i sessanta e settant'anni. Dico "presumibilmente" perché una era sicuramente riconducibile a quella fascia d'età, mentre l'altra aveva fatto qualche ritocchino di troppo al viso e dimostrava un'età indefinita che andava dai diciassette anni alla riesumazione. Origliavo i loro discorsi. Erano due mogli stanche, sposate con due imprenditori. Quella dall'età indecifrabile – che da qui in avanti chiameremo "la riesumata" – parlava del suo profilo social e a un tratto ha pronunciato la parola "Official". "È una di loro!" mi sono detto. Sono andato a sbirciare su Instagram e ho scoperto che, nel mondo virtuale, fra ritocchi e filtri bellez-

za Lark e Juno, sembrava proprio una gran figa. Tanto che, sotto una foto in costume da bagno, c'era anche un commento di un mio amico di Cerignola: "Hai una pelle da accarezzare, liscia come un divano in ecopelle, quando vuoi scrivimi in dm o in pv e non te ne pentirai #passadacerignola #solocosebelle #eStateaZapponeta #labelladicerignolaseitu".
Continuando a scorrere il profilo della "riesumata" – che da qui in poi chiameremo "Lazzara" – ho visto scatti di vacanze con il marito, auto decappottabili, selfie senza rughe... Un profilo da bella donna felice, insomma, una di quelle che mia madre invidierebbe, non tanto per la bellezza quanto per la leggerezza con cui si gode la vita. A un certo punto mi sono soffermato su una foto estiva: Lazzara e il marito, in barca, tra lussi di ogni tipo. Il ritratto di una coppia ricca e felice, che si ama. Lo confermavano anche i commenti sotto. "Che bella coppia!", "Ma voi ringiovanite ogni anno", "#labelladicerignolaseitu" (questo sempre l'amico mio). #
Qualcosa però nel loro atteggiamento non mi convinceva. I sorrisi freschi di sbiancamento odontoiatrico contrastavano con un abbraccio forse troppo distante. E quello che sentivo al tavolo lo confermava. Lazzara – che da qui in poi chiameremo "Araba Fenice" – era seccata perché aveva appena saputo che il marito non sarebbe partito con l'amante nel weekend e nemmeno lei, quindi, avrebbe potuto organizzarsi con il suo, di amante.

Sarà un caso. Non posso certo giurare che tutti quelli che appaiono felici sui social siano infelici nella realtà, o che tutti quelli che si mostrano felici in coppia abbia-

REGOLA 2

PER ATTIRARE GLI INTELLETTUALI, CERCATE DI ESSERE ENIGMATICI ED ERMETICI. SCATTATE LA FOTO A UN PALO CON PANCHINA E DESCRIVETELA CON UNA DIDASCALIA CHE RECITI: "SENZA TITOLO" OPPURE "PENSIERI SPARSI".

no una relazione parallela. Di sicuro, però, chi decide di "felicitaumentarsi" deve vivere una profonda insicurezza.

In questo gioco di vite parallele, divise tra ciò che viviamo e ciò che mostriamo, nascono meccanismi che definirei quasi perversi e che non riesco a decifrare. La felicità ostentata dalla coppia in barca a vela non trovava alcun riscontro nella loro vita quotidiana fatta di tradimenti e percorsi paralleli. È probabile che perfino gli amici che avevano lasciato commenti fossero consapevoli che quella foto era finzione. Controllando meglio, infatti, ho scoperto che la stessa confidente della signora aveva scritto un commento che diceva: "Siete la coppia più bella del mondo". Quindi, per una sorta di effetto domino, un'esibizione di felicità aumentata che trascende la finzione viene alimentata da altra finzione. Questa falsità coinvolge sia chi pubblica sia chi commenta. Più che una vita sembra una fiction con tanto di protagonisti e comparse.
In questo meccanismo psicologico, però, ci sono anche delle vittime, ossia coloro che prendono per buone le foto ritoccate con la felicità aumentata e le usano come termine di paragone per giudicare la propria vita. Vedono una coppia che si ama, benestante, sorridente, senza problemi, e al loro confronto si sentono sfortunati o miserabili, quando magari hanno una vita migliore e probabilmente più ricca di amore.

MIO FIGLIO HA PIÙ LIKE DEL TUO

Studiando i social, mi sono reso conto che l'ostentazione della felicità aumentata non risparmia neanche la sfera più intima della nostra esistenza. Nel corso degli ultimi anni, seguendo i miei contatti, ho assistito a decine di gravidanze, tutte documentate con foto. Ho visto le pance crescere mese dopo mese, le ecografie con lo sviluppo del feto, il parto, l'allattamento. Mancavano solo le istantanee dello spermatozoo che fecondava l'ovulo e poi avrei visto tutto. In un primo momento ho pensato che si trattasse del semplice desiderio di condividere una gioia, ma poi – sarà che sono diffidente – ho provato a lanciare delle provocazioni e le risposte che ho ricevuto mi hanno fatto nascere parecchi dubbi.
Le foto dei figli ricevono normalmente piogge di "mi piace" e cuoricini, oltre a commenti tipo: "Ma quanto è bello tuo figlio", "Bellissimo, sembra un modello", "Potrebbe fare le pubblicità". Una volta, sotto una di queste foto, ho osato scrivere un commento controcorrente: "È venuto un po' bruttino tuo figlio". Non mi sembrava di aver detto niente di sconvolgente – esistono pure i bambini brutti, contrariamente a quanto dice mia madre – ma la reazione è stata a dir poco bellicosa. Prima mi hanno bloccato,

poi mi hanno scritto cose come "Si vede che non hai figli", "Ti auguro di avere un figlio gay". Alcuni cercavano di fare da pacieri con argomenti identici a quelli di mia madre: "Tutti i bambini sono belli". Se da un lato l'esperimento mi ha messo contro centinaia di amici e parenti, dall'altro mi ha fatto capire che i social sono diventati una macchina del consenso e che il dissenso non è più tollerato. Ci infastidisce a tal punto che riesce a offuscare anche i momenti di gioia più grande.

Mi capita spesso di ascoltare conversazioni tra genitori nei bar, cose come: "Ieri ho messo la foto del primo giorno di scuola di mio figlio e ho preso ottanta 'mi piace'", "Mio figlio, invece, si è rotto il braccio. La foto con il gesso ne prenderà almeno duecento, di 'mi piace'". Pur di ottenere qualche like i genitori sbandierano sui social la vita privata dei figli. Alcuni vivono delle vere e proprie crisi d'astinenza, come se i like fossero una droga moderna. Ma il vero campo di battaglia di questi genitori – una battaglia che miete più vittime dello sbarco in Normandia – sono i gruppi WhatsApp della scuola. Si comincia quando i figli entrano all'asilo e si va avanti quasi fino all'università. "Ma è vero che la figlia di Carmela ha i pidocchi, perché mia figlia Shantal è tornata da scuola piena, sembrava un pandoro con lo zucchero sopra. Se sono zozzose, si stessero alla casa". Questo è un tipico messaggio (molte volte anche vocale) che può capitare di leggere in una chat di gruppo delle mamme, dove a partire dai motivi più futili possono scatenarsi discussioni furibonde: "Perché mio figlio è stato messo

dietro nella foto?", "Alla gita mio figlio si è cagato sotto sul pullman per colpa del panino della mensa". Quasi sempre le discussioni diventano una vera e propria gara a chi ha il figlio più bravo e intelligente. A volte finiscono addirittura in tribunale o anche a tirate di capelli davanti alla scuola. Pur di avere la meglio, certi genitori non esitano a spifferare nella chat anche i dettagli più delicati della vita privata altrui: "Tuo figlio prende otto in italiano, grazie a tuo marito che se la fa con la professoressa...". E così la chat, che dovrebbe essere uno strumento per comunicare e informarsi, si trasforma in un girone infernale dove ci si odia a prescindere e si esibiscono i figli come trofei.
Spesso a fare le spese di questa competizione estrema fra genitori sono gli insegnanti. Non è raro sentire frasi come: "Mio figlio è il più bravo e la maestra non si deve permettere di mettergli un voto brutto". E non è raro memmeno che dalle parole si passi ai fatti, a vere e proprie aggressioni nei confronti degli insegnanti, rei di aver richiamato uno studente o di avergli assegnato un brutto voto. La ragione di queste reazioni spropositate – e della tendenza dei genitori a sopravvalutare i figli – ha a che fare con il fenomeno della felicità aumentata. Ci costruiamo un'immagine di felicità idilliaca, e tutto ciò che può imbrattare quell'immagine diventa un ostacolo da rimuovere con ogni mezzo.

Nella *Sinfonia concertante* di Mozart, e precisamente nell'andante, il violino e la viola si inseguono con l'orchestra di sottofondo. Provate ad ascoltarla: sembrano due amanti che non possono stare insieme e corrono piangendo e accarezzandosi. Perché vi parlo di Mozart, e cosa c'entra con le chat belligeranti dei genitori? Prima di tutto, spero che andiate ad ascoltare questa opera perché è davvero meravigliosa; e poi Mozart mi ricorda una frase che ripeteva sempre il mio primo maestro di teatro: "Quando ti sentirai arrivato, ti diranno che sei bravissimo e magari ti chiameranno 'genio', tu non dimenticare che è esistito Mozart e che, salvo miracoli, rispetto a lui non vali nulla".

I BABY INFLUENCER

"Potresti mettere un like al disegno di mio figlio per fargli vincere un concorso?". Ricevo spesso messaggi di genitori che mi invitano a sostenere i loro figli in qualche competizione. Parenti di terzo grado, che non vedi da secoli, ti chiedono un voto per la figlia di dieci anni che partecipa a un concorso di bellezza. Ormai non vince più chi ha il disegno più bello o la bambina più carina, ma quelli che hanno i genitori più scassapalle con la famiglia più numerosa. Anche questi genitori sono affetti dalla sindrome della felicità aumentata. Un post in cui possono annunciare "Mio figlio ha vinto il primo premio al concorso di disegno" è un tassello che si aggiunge al ritratto della famiglia felice e vincente che hanno deciso di mostrare al mondo. E non importa se le vittorie ottenute dai figli sono frutto di sotterfugi – tipo iscrivere la nonna a Facebook per farla votare –, l'importante è esibire il trofeo.

Il mio amico Sabino approfitta biecamente di questi malati di felicità aumentata e a volte si fa pagare in cambio del suo voto. Grazie a lui, ho scoperto che esistono addirittura profili di bambini gestiti dai genitori. Il fenomeno è molto più esteso di quanto si possa immaginare. Si tratta di veri e propri baby influencer, che in alcuni casi riescono perfino ad attirare sponsor e soldi. Secondo uno studio Doxa, nel 2018 la *kid economy*, ossia quel mondo di interessi e prodotti che orbita attorno ai bambini, ha generato in Italia una spesa di 3,5 miliardi di euro. Un ruolo importante in questo risultato – in netta controtendenza rispetto ad altri settori – lo hanno avuto i baby influencer, bambini che già a pochi anni d'età hanno account social gestiti dai genitori che pubblicizzano prodotti e spostano i consumi.

Che molti genitori proiettino sui figli i propri desideri di rivalsa non è una novità. Già nel film *Bellissima* Maddalena, il personaggio di Anna Magnani, trascinava la figlia inerme di provino in provino, determinata a farla diventare una star del cinema. Oggi, però, i genitori hanno a disposizione mezzi più potenti per dare sfogo alle proprie ambizioni. Se il cinema e la TV sono quasi irraggiungibili, al web possono accedere tutti. È facile crearsi uno spazio e trovare un piccolo pubblico. Molti dunque non esitano a barattare la quotidianità del proprio figlio per ottenere guadagni e successo. E i bambini vivono quasi in un quotidiano *Grande Fratello*, privati di cose importanti come l'intimità, il silenzio, la solitudine, ma anche un diario segreto o una passione nascosta.

Durante una manifestazione in Calabria dedicata al mondo del web ho conosciuto una giovanissima influencer: quindici anni e un milione di follower. Era accompagnata dalla madre, che controllava ogni sua mossa. Alle domande del pubblico rispondeva sempre lei, che non perdeva occasione di rimarcare: "Mia figlia fa tutto

REGOLA 3

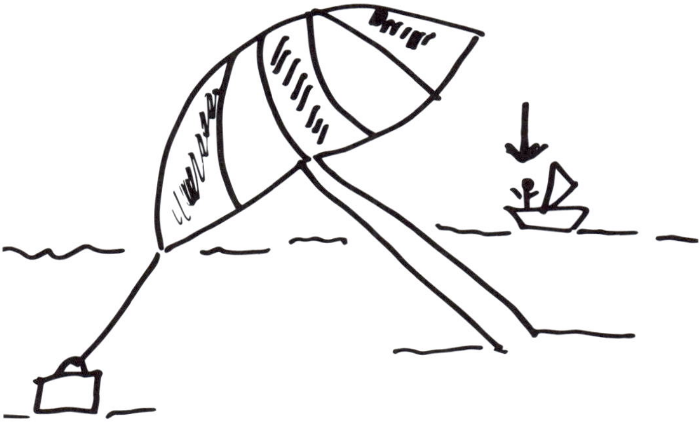

SE SIETE TIMIDI O PARTICOLARMENTE BRUTTI VI CONSIGLIO UNA FOTO DA LONTANO. AL MARE, ANDATE SU UNA BARCA AD ALMENO TRE MIGLIA DALLA COSTA E FATEVI FARE UNA FOTO DALLA SPIAGGIA.

DIDA: "QUANDO VENITE A TROVARMI?".

da sola, io non metto bocca. Prende lei le decisioni in totale autonomia. Ribadisco, lei è autonoma". Sarà anche stata autonoma, ma la madre non la lasciava sola un attimo. Le dava istruzioni su come comportarsi con i fan, su come muoversi e su come farsi fotografare. Non ho potuto fare a meno di notare che non c'era traccia di felicità negli occhi della ragazzina. Anzi, dava proprio l'impressione di sentirsi fuori luogo in quel contesto. L'unica a suo agio era la madre. Quando gli organizzatori della manifestazione hanno consegnato alla giovane influencer una targa e dei fiori, la madre glieli ha quasi strappati di mano e ha iniziato a ringraziare tutti come nei migliori siparietti televisivi.

UNA GRANDE FAMIGLIA DEL MULINO BIANCO

Di sicuro la felicità aumentata non è un fenomeno nato sui social network, ma parte da molto lontano. Anche quando i social non esistevano nelle foto ci mostravamo tutti sempre sorridenti e, per andare a messa, indossavamo il vestito buono. La famosa famiglia degli spot del Mulino Bianco era un esempio evidente di felicità aumentata. Oggi, però, il fenomeno si è accentuato, anche perché le nostre pagine di Instagram o di Facebook non sono semplici album di foto, sono come canali televisivi che hanno bisogno di fare ascolto. E siccome la famiglia infelice non piace a nessuno, e non attira pubblico, mi ritrovo puntualmente a fare i conti con post di famiglie sorridenti che si amano, si riuniscono non appena possono e mangiano tutti insieme perché "la famiglia è una cosa meravigliosa". Soprattutto durante le feste di Natale, i social sono invasi da foto di tavolate affollate, con gente allegra e bambini che aprono regali. E mi sorge un dubbio: è la mia famiglia che è strana o quelle che vengono esibite sui social sono tutte ritoccate con la felicità aumentata?
Nella mia famiglia, infatti, a Natale si vivono tragedie: parenti che si odiano, cattiverie pronunciate a denti stretti e progetti di spartizione di eredità.

"Mo' che muore la nonna il quadro è mio...".
"Vabbè, io mi prendo il vestito e la testata del letto in ottone, ché quello è dell'Ottocento. Ché se non me lo valutano per antico almeno ci prendo dei soldi per l'ottone... Ma secondo te pure i lampadari sono di ottone?".
"Io mi prendo l'anello di fidanzamento, ché quella ha detto che è a me".
"Io la collana di perle, ché me l'ha promessa in punto di morte".
"Vedi che la nonna non è morta".
"Ah, scusa, mi sono confusa con zia Ninetta... Comunque i divani li diamo ai poveri...".

I pettegolezzi ovviamente non mancano, e al centro c'è quasi sempre il parente acquisito, meglio definito come "la cognata". Questa creatura mitologica, sebbene sia sposata con mio zio da quarant'anni, non è ancora riuscita a farsi accettare in famiglia. La chiamiamo "la carne estranea" e per noi è l'origine di tutti i mali. Credo che un po' in tutte le famiglie si creino dinamiche simili con i parente acquisiti. La cognata, di solito, è l'unica che viene vestita bene, perché, non dovendo cucinare, si può permettere l'abito elegante. Mentre mia madre e mia zia, che cominciano a cucinare sette giorni prima della Vigilia, indossano il cosiddetto vestito della casa, che quanto a eleganza sta sopra il pigiama ma sotto la tuta; come accessori calze di spugna e ciabatte rosa, a cui a volte si aggiungono bigodini e retina in testa. Più che vestite per la casa, mia madre e mia zia sembrano due indiane che approcciano Kevin Costner in *Balla coi lupi*. Appena si presenta la cognata, commentano a bassa voce: "Ecco, è arrivata la contessa che non fa mai niente, viene qua e si mette a mangiare". "Non fa un cazzo dalla mattina alla sera", chiosa sempre mia zia.

Di solito la cognata, che da ora in poi chiameremo "Contessa", porta una pietanza preparata in casa – quasi sempre una pizza di patate o un calzone di cipolle. "Mettetela nel forno che è ancora calda", si raccomanda con mia madre e la zia affacciandosi in cucina. E quelle come da copione rispondono: "Non ti dovevi disturbare... Noi cuciniamo volentieri. Lo facciamo per stare assieme e per condividere il Natale". Una performance di recitazione degna di Vittorio Gassman. Naturalmente, appena la Contessa si allontana dalla cucina, il tono cambia totalmente. "Vedi che cazzo ha portato... Annusa!", fa mia madre. "Quella usa l'olio di semi, ecco perché nostro fratello sta sempre male di stomaco". Da qui in poi parte una consultazione per decidere come far sparire la pietanza della Contessa. "Facciamo finta di mangiarla", propone immancabilmente mia zia – anche se non ho mai capito cosa intenda. Mia madre invece è per soluzioni più drastiche e teatrali: "Entro in sala, faccio finta di inciampare, così finisce tutto a terra e ci togliamo il problema". Di solito a chiudere la diatriba è mia nonna con la sua sapienza salomonica: "Diamola agli uomini!". Come se gli elementi maschili della famiglia fossero un branco di facoceri pronti a mangiare di tutto.

A questa guerra intestina si aggiungono momenti di commedia nera, come durante i brindisi di mio padre. "Festeggiamo il Natale tutti insieme ché oggi la nonna c'è... e domani non lo sappiamo". E subito il volto di mia nonna si fa di cera facendo trasparire scongiuri di ogni tipo. Poi c'è mio zio, che verso le undici di solito se ne esce così: "Ma per forza mezzanotte dobbiamo aspettare? Non possiamo andare a dormire?". E qualcuno gli risponde: "Aspettiamo Babbo Natale". Al che lui ribatte: "Dite ai bambini che non esiste Babbo Natale. E andiamo a dormire". Ormai ogni scena si ripete come in un film. Tutti gli anni, per esempio, qualcuno propone: "L'anno prossimo usiamo i piatti di plastica". Ma poi puntualmente l'anno seguente sediamo a tavola davanti al servizio di porcellana da ventiquattro pezzi. Così come ogni anno mia madre promette: "L'anno prossimo però andiamo a mangiare al ristorante". Ma da quarantun anni alla Vigilia di Natale si cena a casa di mia nonna.

Il Natale dei miei amici social è patinato, qualcuno potrebbe dire borghese o commerciale. Molti hanno perfino le sedie tutte uguali, cosa che a casa mia è accaduta solo nel 1987. Normalmente, ci si accomoda come si può. Mio zio sulle casse della birra, mio nipote di otto anni sta nel passeggino con le piaghe da decubito, mia zia sul bidone dell'olio. Mia madre di solito si sacrifica: "State voi seduti, io resto in piedi che tanto devo fare avanti e indietro dalla cucina". Anche l'assegnazione dei posti è strategica. Ci sono posizioni al tavolo che si prenotano mesi prima. Di solito sono quelle vicino ai mobili, da dove è più difficile spostarsi, e che quindi forniscono una scusa perfetta per starsene seduti e farsi servire.
Mio padre, invece, neanche si vede a cena. Non perché

festeggi altrove, o meglio, sì, festeggia altrove, ma sempre nella stessa casa. Mio padre è l'addetto alla "fornacella". È lui che prepara il capitone alla griglia e, nonostante i suoi potenti mezzi tecnologici, di solito trascorre tutta la notte sul balcone finché non riesce a far partire il fuoco. Dopo aver utilizzato – in ordine di apparizione – una copia della "Gazzetta del Mezzogiorno" del 1976, un cartone di diavolina, un piatto di plastica, della benzina agricola e un asciugacapelli, di solito rientra in casa verso le quattro di mattina, quando ormai dormono quasi tutti. Gli unici superstiti sono mio nonno, che gioca da solo a tombola ed è capace di litigare da solo; i bambini, che hanno già rotto i regali e pure altro; e mia madre, che sta cucinando due spaghetti perché qualcuno ha ancora fame nel sonno. Ovviamente, a quel punto, mio padre è accolto con insulti e imprecazioni, perché alle quattro del mattino il capitone è un po' pesante (che poi a dire il vero lo sgombro ripieno di salsa tonné non lo finiamo prima delle quattro meno un quarto, ma resta comunque una questione di principio).

Anche noi, però, ogni tanto ci concediamo qualche foto ricordo, che non vedremo mai. Perché il fotografo ufficiale di famiglia è lo Zio Vintage, appassionato di macchine fotografiche con rullino: se non finisce tutti e trentasei gli scatti disponibili, lo zio non fa sviluppare la pellicola. Probabilmente l'anno prossimo, che sarà il trentaseiesimo trascorso insieme, potremo vedere qualche immagine, sempre che lo zio trovi qualcuno ancora in grado di sviluppare un rullino. Quando ci mettiamo in posizione per le foto di gruppo, le dinamiche sono sempre le stesse. Mia nonna con il volto della Madonna Addolorata che dice a Zio Vintage: "Poi me la fai avere, così quando vado all'altro mondo me la metto sulla lapide". E mio padre, che solo qualche istante prima le aveva tirato i piedi, si finge sorpreso ed esclama: "Mamma non si dicono 'ste cose... Fino a cento anni devi arrivare" (lo dirà sicuramente anche quando mia nonna arriverà a novantanove anni). I più indisciplinati sono i bambini, che mettono sempre le corna in testa a qualcuno e collezionano graffi e pugni dai cugini più grandi. Mia madre e mia zia di solito si posizionano ai lati, con il corpo nascosto dietro quello dei mariti, "che stiamo vestite male". E poi c'è sempre lo zio ubriaco, disteso alla base del gruppo con i capelli al vento e le guance rosse (è quello che si siede sempre sulle casse di birra e che si scola gran parte della sedia).

Mi sono lasciato andare nel racconto quasi surreale del Natale nella mia famiglia per mostrare come la felicità aumentata possa arrivare a cancellare la realtà. Se da un lato la mia famiglia è un esempio estremo, dall'altro le foto di famiglie felici con bambini sorridenti, le madri vestite benissimo, gli arredi eleganti e gli abbracci fraterni puzzano di pura messa in scena. Il senso del Natale ormai è una foto riuscita bene. La condivisione, lo stare insieme e tantomeno la religione non c'entrano più. Il mio amico Sabino, che come sempre è lungimirante, si è inventato come regalo un pacco di follower: si può scegliere dal formato cento fino a mille. Poi non importa se

+1000

REGOLA 4

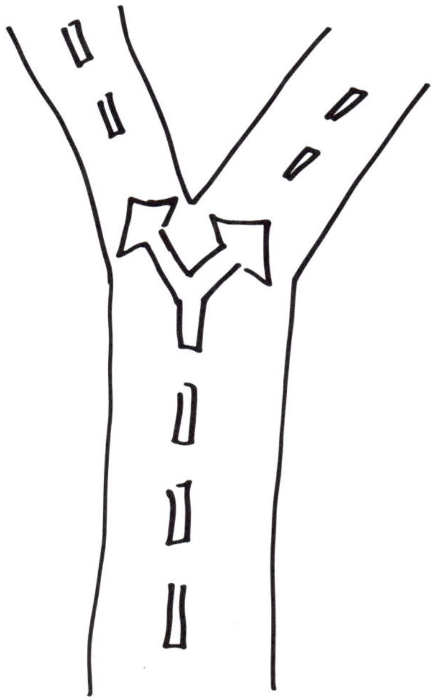

SE VI SIETE LASCIATI MA NON VOLETE ACCUSARE ESPLICITAMENTE IL VOSTRO PARTNER, E ALLO STESSO TEMPO DESIDERATE USARE LA VOSTRA TRISTEZZA COME CONTENUTO, CONSIGLIO LA FOTO DI UN BIVIO, CON QUESTA FRASE: "LA VITA TI PONE SEMPRE DELLE SCELTE, PRENDETE QUELLA DEL CUORE E NON QUELLA DELLA MENTE". TUTTI APPREZZERANNO, ANCHE SE SANNO BENISSIMO CHE VOLEVATE DIRE: "BRUTTO STRONZO, PROPRIO CON LA MIA MIGLIORE AMICA, HA PURE LE GAMBE A X".

sarai seguito da @mariettaforever o @bottegadeisaporifrittiedrumori, basta avere un numerino sotto il profilo capace di farti sentire importante.
Ormai ci siamo allineati a una felicità standard. Siamo tutti così abituati a questa felicità apparente che non ci poniamo più domande. Se incontro un amico che il giorno prima ha postato una foto di un viaggio con la fidanzata sulla macchina nuova, non mi verrà voglia di sapere come se la passa. Ecco, l'infelicità obbliga a fare e farsi delle domande: la felicità no. Ormai il dubbio che dietro le foto patinate dei nostri contatti social possa nascondersi qualche problema o malessere non ci sfiora più. Su quest'ultima osservazione si potrebbe obiettare che anche nella vita reale indossiamo delle maschere. Ma alle maschere i social aggiungono filtri che ci separano ancora di più dal contatto diretto con la realtà.

IL ROVESCIO DELLA FELICITÀ AUMENTATA

Un esercizio macabro che faccio spesso è visitare le pagine di persone che si sono tolte la vita. Raramente riscontro avvisaglie che possano far pensare a un malessere, anche nei post pubblicati poco prima di compiere quei gesti drammatici. Mi ha colpito il caso di un ragazzo che solo qualche ora prima di suicidarsi aveva postato una sua foto mentre mangiava un hamburger. "Qui sembra tornato carnevale... ah ah ah", scriveva riferendosi a una tizia vestita in modo appariscente alle sue spalle. Nessun accenno al suo male di vivere, né in quell'ultimo post, né in quelli precedenti.
Di recente mi sono imbattuto nella pagina di un uomo che ha sterminato la propria famiglia. Prima di quella terribile strage aveva pubblicato solo foto che ritraevano momenti di serenità con la moglie e i figli.

Che cosa si nascondeva dietro quei post, un desiderio di felicità o la necessità di adeguarsi a una piattaforma che pretende la tua felicità? E tutta questa ostentazione di felicità che ci circonda non ci porta a esasperare la nostra infelicità? Secondo una ricerca dell'Università di San Diego pubblicata su "Clinical Psychological

Science", l'impennata dell'uso dei social media da parte degli adolescenti nel quinquennio 2010-2015 è coincisa con un aumento dei suicidi fra i teenager. Questo dato ci dice che tra il fenomeno della felicità aumentata e l'infelicità reale deve esistere una correlazione e che i social media non sono innocui.

Se non aderiamo agli standard della felicità aumentata ci sentiamo più soli, isolati. Ecco la ragione del successo dei gruppi di chat tra gli adolescenti. Peccato che i social siano poco "socialisti" – inteso nell'accezione più alta – perché non impostano un rapporto paritario ma sempre verticistico e piramidale. Nei contesti delle chat i partecipanti tendono ad adottare inconsciamente e acriticamente il pensiero e il linguaggio della figura leader. Il rischio, altrimenti, è quello di venire esclusi dal gruppo. Da qui il diffondersi di fenomeni come il cyberbullismo.

La solitudine digitale – come la chiamo io – è l'altra faccia della felicità aumentata e può essere difficile da sopportare così come è difficile sopportare l'isolamento nella vita reale.

IL CONSENSO

ZUCKERBERG DIPENDENTI

In questi anni la comunicazione sui social media si è evoluta. Se inizialmente usavamo Facebook per parlare con amici e conoscenti, adesso vogliamo parlare a un pubblico, un pubblico che va coltivato. Questa smania colpisce tutti, anche gente che ha venti follower in totale, compresa la Bottega del Cavatello alla Brasciola. Non sono importanti i numeri – anche se perfino mio cugino gommista avverte una scarica di adrenalina ogni volta che guadagna un follower –, conta di più ottenere il consenso del proprio pubblico.

Ormai foto e post sono studiati per suscitare precise reazioni. I nostri account social sono diventati una rete di piccole emittenti private. Tante piccole TV alla ricerca di audience. E, come in TV, pur di fare audience, vale tutto. Ma se in televisione l'audience porta denaro, lo scopo dei nostri post è semplicemente ottenere un "like". La nostra voglia di mostrarci per guadagnare consenso è tale che spesso ci porta a commettere gaffe o errori più gravi. Basta pensare a tutti i fenomeni di bullismo balzati alle cronache negli ultimi tempi: in molti casi erano stati gli stessi bulli ad autodenunciarsi involontariamente, pubblicando i video delle aggressioni. Grazie ai social media il lavoro della polizia e delle forze dell'ordine è diventato molto più semplice: per incastrare truffatori o assenteisti nelle pubbliche amministrazioni non servono talpe o informatori segreti, spesso è sufficiente spulciare i profili degli indiziati per ricavarne tutte le informazioni necessarie. Una volta mi sono imbattuto nella foto di un tizio che si rilassava in piscina; peccato che quella piscina fosse sotto sequestro e che il tizio in questione – il proprietario – stesse commettendo un reato di profilo penale. Ci sono anche casi più estremi: gente ai domiciliari che pubblica foto con gli amici in pizzeria o in gite fuori porta.

Ricordo un giorno in cui Facebook e Instagram hanno avuto un black out di diverse ore, uno di quei temutissimi "down". In Nuova Zelanda la polizia è stata costretta a pubblicare un annuncio su Twitter, l'unico social funzionante: "Lo sappiamo, i nostri profili Facebook e Instagram non hanno funzionato in queste ore. Purtroppo non possiamo farci nulla perché, lo sapete, loro sono in America e noi siamo la polizia. Quindi per favore non chiamateci per questo motivo". Sembra assurdo che qualcuno chiami il numero di emergenza per un'astinenza da social, ma purtroppo non si tratta di reazioni occasionali. Durante un down di WhatsApp un mio amico in astinenza da messaggi si è messo a mandare sms con la stessa frequenza e assiduità delle chat, finendo per spendere una fortuna.
Se mai un down dei social media dovesse protrarsi per più di qualche giorno, mi immagino già l'Apocalisse:

REGOLA 5

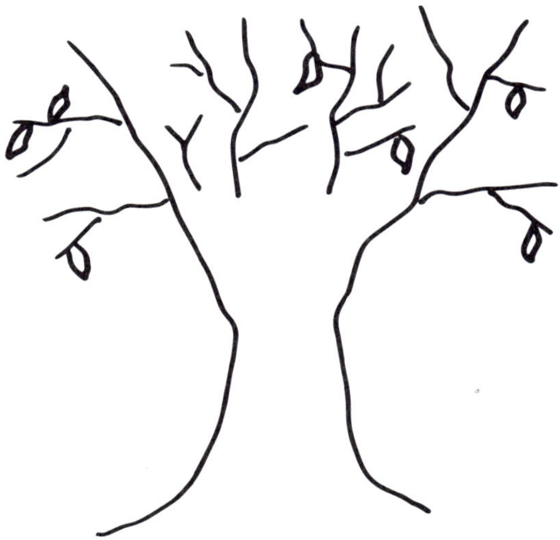

QUANDO NON SAPETE COSA PUBBLICARE MA DOVETE FARLO PER ALIMENTARE CON CONTENUTI SEMPRE FRESCHI IL VOSTRO PUBBLICO, PRENDETE UN SOGGETTO A CASO, PER ESEMPIO UN ALBERO CON POCHE FOGLIE, ED È FATTA. IN QUESTO CASO NON SCRIVETE NULLA. TUTTI QUANTI PENSERANNO: "MA COSA AVRÀ VOLUTO DIRE" E VI SCAMBIERANNO PER UNA PERSONA MOLTO PROFONDA. PER RISULTARE ANCORA PIÙ PROFONDI USATE IL BIANCO E NERO.

politici che, non potendo intervenire sulla polemica del giorno, si riversano in strada, improvvisando comizi con tanto di megafono su trespoli e palchi di fortuna. Comici e YouTuber che ripropongono le loro scenette negli androni dei condomini; food blogger che passeggiano con i piatti in mano per le strade del centro; fashion blogger che si appropriano delle vetrine dei negozi di abbigliamento e delle mercerie per prendere il posto dei manichini; mamme in fila al supermercato che mostrano le immagini delle ecografie alle altre persone in coda; patiti di selfie che stampano i loro ritratti in fotografie formato lenzuola, le appendono al balcone insieme a mutande e biancherie, e infine, nascosti dietro alla finestra, spiano le reazioni e i commenti dei passanti; e a chiudere questo corteo, qualche complottista disperato che studia il cartello del passo carrabile, convinto che l'immagine del carro attrezzi sia un simbolo massonico che, unito al divieto di transito, lancia un chiaro messaggio rettiliano.

Forse mi sono lasciato trasportare dalla fantasia, ma temo che la realtà non si allontani molto. Dopo un down durato qualche ora mia zia ha subito rassicurato il suo vasto pubblico composto da trentasei utenti, sottolineando che la sua prolungata assenza da Facebook non era dipesa dalla sua volontà: "Che poi manco me ne ero accorta che non funzionava e continuavo a postare a vuoto, baci baci baci", ha concluso. Il mio benzinaio, noto complottista, ha subito gridato all'attacco hacker. Ecco il testo della sua coraggiosa denuncia: "Soros, non mi avrai. In queste ore di down, i poteri forti hanno tentato di rubare tutte le nostre informazioni per poterci propinare delle strategie e ricattarci con Bildeberg. Io ho salvato tutte le chat e ho scritto questa frase che blinda legalmente le mie informazioni, copiate e incollate sui vostri profili: 'Io sottoscritto non autorizzo entità, terrestri e non, alla commercializzazione delle chat, sia private che con modalità anonima, e a modificare le mie foto per fini elettorali o per riciclarle sui passaporti dei terroristi. Inoltre con la presente non autorizzo l'inserimento del mio numero di telefono nelle vendite telefoniche di prodotti da cucina, con particolare riferimento al frullatore a dieci lame noto per essere una chiara forma di sovvenzionamento delle attività illecite di Soros'".

Ho conosciuto anche persone che durante un down dei social media si sono sentite male, tanto da dover ricorrere all'aiuto di uno psicologo. Soffrivano di un malessere simile alla sindrome di Hikikomori, una patologia che è stata riconosciuta per la prima volta in Giappone e che consiste in una grave forma di isolamento sociale. Tra i sintomi: letargia, depressione, incapacità di comunicare, disturbi ossessivo-compulsivi. Nei casi più gravi i protagonisti abbandonano la scuola e il lavoro e vivono reclusi in casa, comunicando con il mondo esterno solo attraverso il web. Un caso simile è stato registrato proprio nella mia Puglia: per due anni padre, madre e figlio hanno trascorso quasi tutto il loro tempo davanti al computer, impegnati a giocare e navigare, senza mai interagire, se non virtualmente, con il mondo circostante. Si alimentavano soltanto con biscotti e merendine, che venivano acquistati dalla figlia più piccola, costretta a uscire per frequentare la scuola. Naturalmente a questa situazione estrema sono arrivati attraverso un processo graduale. Il primo passo è stato non sedersi a tavola. Ognuno ha cominciato a mangiare da solo davanti allo schermo fino a perdere la cognizione del tempo e dello spazio. Il figlio si alimentava solo sporadicamente, non si lavava, praticamente si era ridotto a uno zombie. Quando alla fine gli assistenti sociali lo hanno preso in cura, il ragazzino ha dovuto intraprendere un lungo percorso di fisioterapia per recuperare la mobilità degli arti.

Certo, questo della famiglia pugliese che si è isolata dal mondo per due anni è sicuramente un caso estremo, ma la tendenza a trovare rifugio e appagamento nella vita virtuale piuttosto che in quella reale è sempre più diffusa.

GLI ACCHIAPPA-FOLLOWER

Ogni giorno, sui profili dei miei contatti, leggo messaggi come: “Siamo arrivati a mille follower, grazie perché ci credete insieme a me”. La prima domanda che mi faccio in questi casi è: “Ma chi cacchio ci crede?”. Poi a ruota ne subentrano altre. Ma davvero mille follower ti rendono felice? E che cosa fai se non raggiungi il numero di follower desiderato? Certo, ormai si possono comprare pacchetti di follower pre-confezionati ma, se non vuoi barare, che cosa succede? Succede, purtroppo, che la gente si dispera:

“Non capisco perché quella foto ha preso solo dieci ‘mi piace’. Forse perché l’ho pubblicata mentre andava in onda la partita? Ora provo a toglierla e rimetterla”.

“Secondo me Instagram ha gli algoritmi che penalizzano i meridionali, ecco perché il mio profilo non sfonda”.

Il mio amico Sabino ha soprannominato questa categoria di utenti perennemente insoddisfatti gli “scarsi a follower” e, per aiutarli, ha elaborato un decalogo di istruzioni che consente di raggiungere in poco tempo un pubblico più vasto.

1. Cominciate a seguire altri profili in maniera compulsiva, soprattutto quelli che non raggiungono i cento

follower. I "disperedos", come li chiama Sabino, sono generalmente più disponibili a ricambiare il "segui". Dopo ventiquattro ore, però, è necessario ritornare su quei profili e togliere il "segui" per evitare che i "seguiti" siano superiori ai follower.

2. Per lo stesso motivo, inondate di "mi piace" e cuoricini tutte le foto sfocate o i post senza senso che non raggiungono i dieci like.
3. Quando vi imbattete in foto di paesaggi, lasciate commenti tipo: "Spettacolare questo posto, dov'è?". Non importa se il posto in questione è il petrolchimico di Brindisi, basta solo far presa sul fotografo narcisista.
4. Seguite tutti i deejay famosi: in pochi giorni una parte dei loro follower vi seguirà, specie se commenterete in maniera positiva le gesta del dj di turno, magari in inglese tradotto con Google.
5. Lasciate commenti, anche ironici, ai post di personaggi famosi. Vi beccherete qualche insulto, ma probabilmente anche qualche follower in più.
6. Pubblicate tante storie, almeno una decina al giorno. Anche una serie di storie su come fare il bucato potrebbe portarvi nuovi amici virtuali.
7. Rubate le foto a quelli che sanno farle e ripostatele in bianco e nero o con altri filtri, oppure invertendo l'orientamento.
8. Scrivete post da intellettuali. Le frasi in difesa degli animali e dell'ambiente e le immagini di guerra funzionano sempre. Tra i nazionalisti, invece, spopolano i post in difesa dei prodotti italiani.

9. Pubblicate foto dei vostri genitori con frasi sentimentali. Le vecchie foto in bianco e nero fanno ancora più presa.
10. Se volete fare breccia in un pubblico più nostalgico, basta pubblicare immagini d'epoca, o gruppi di scolaresche anni Sessanta, accompagnate da didascalie come: "Chi si riconosce?". Vi creerete senz'altro un piccolo pubblico di appassionati di amarcord. In alternativa potete pubblicare foto che ritraggono personaggi leggendari, pubblicità degli anni Novanta e figurine di calciatori.

Al decalogo si potrebbe aggiungere un ultimo punto: Pubblicate storie o foto di anziani alle prese con nuovi dispositivi tecnologici oppure con altre diavolerie moderne per loro incomprensibili. Il mercimonio dell'anziano produce sempre grandi risultati.

Se le dritte di Sabino possono aiutare a racimolare qualche follower, il problema di fondo rimane: davvero un follower in più può svoltarci la giornata? A giudicare dall'accanimento con cui cerchiamo di accaparrarci i follower sembrerebbe di sì. Tra i più determinati cacciatori di follower ci sono anche i book influencer, cioè personaggi che fanno recensioni e consigliano libri, intento di per sé ammirevole. Anche in questo nuovo settore, però, non mancano esempi che fanno sorridere e cozzano con la realtà. In alcuni casi, infatti, i book influencer sono belle ragazze che posano mentre leggono un bel libro, coperte solo da un perizoma o da un costume da bagno

striminzito. Forse cercano di inventarsi una formula più innovativa per promuovere la lettura, ma temo che gran parte dei follower di queste book influencer non sia realmente interessata ai libri. L'occhio di chi guarda cade più sul fondoschiena che sui volumi. Ecco, infatti, alcuni commenti degli illustri letterati che seguono con tanta passione le recensioni delle book influencer: "Escile!", "Un libro a tutto tondo ahahah", "Ti leccherei dalla copertina all'indice... del piede", "Ti sfoglierei tutta", "Vieni a casa che lo leggiamo insieme il libro", "#labelladicerignolaseitu" (ovviamente questo è sempre l'amico mio del basso Tavoliere). Insomma, alcune book influencer sarebbero in grado di trasformare una biblioteca in un sexyshop.
Tutto ciò accade perché l'apparire viene prima dell'essere e colpire viene prima del farsi scoprire. Una condizione che ci obbliga a essere tutti bellissimi, felicissimi e pronti a cavalcare l'onda del successo fino a quando non siamo costretti a fare i conti con la realtà. Ho conosciuto individui che su Instagram fanno concorrenza ad attori e modelli, ma che dal vivo sono irriconoscibili. In quei casi è impossibile non domandarsi: "È una persona diversa o ha avuto un incidente frontale poco prima di incontrarmi?".

A volte, invece, mettiamo in atto esattamente lo schema opposto: pur di ottenere consenso siamo disposti a renderci ridicoli. Penso a tutti gli adulti stagionati che provano a cimentarsi con TikTok, un social nato per attirare un pubblico di adolescenti. Si tratta di una piattaforma

REGOLA 6

LE FOTO CON I FIGLI PIACCIONO TANTO ALLA GENTE. SE FATTE BENE VI PORTANO TANTI FOLLOWER. NATURALMENTE SE AVETE PIÙ FIGLI USATELI TUTTI PER SUGGERIRE L'IDEA DELLA FAMIGLIA FELICE, CON FRASI DEL TIPO: "LE VERE GIOIE DELLA VITA" O "CON LORO TUTTO PASSA". CONSIGLIO: SE UNO DEI DUE FIGLI È BRUTTINO, COPRITELO LEGGERMENTE NELLA FOTO, LASCIANDO QUELLO BELLO IN PRIMO PIANO.

semplice, dove con poche mosse puoi realizzare video simpatici e ben editati e prendere parte a qualche challenge, che tradotto per mia zia vuol dire che qualcuno lancia un'idea di video e tutti gli altri provano a replicarla. Un utente mediamente famoso cammina su un ponte cantando canzoni di Toto Cutugno e tutti si mettono sui ponti a cantare canzoni di Toto Cutugno. TikTok, quindi, sembra una enorme scuola di balli di gruppo, dove i partecipanti ripetono le stesse mosse, e ogni tanto si scopre un nuovo ballo. Ma se a esibirsi in queste challenge sono i ragazzi, l'effetto è tutto sommato divertente, tutt'altra impressione la danno gli adulti, che sembrano voler emulare i più giovani con risultati anche imbarazzanti. Eppure, in barba al senso del ridicolo, gli Over hanno colonizzato TikTok trasformandola in una piattaforma multigenerazionale.

A proposito di comportamenti ridicoli e di challenge, mi viene in mente anche la "10 Years Challenge", una sfida apparentemente divertente. Si tratta, infatti, di mettere a confronto le nostre foto di dieci anni fa con quelle attuali, ovviamente pubblicando tutto sui social. E qui, signori, ho visto gente ingrassata di settanta chili all'anno, borse sotto gli occhi scese fino alle caviglie, teste dove si era persa ogni traccia di capelli, tette alle ginocchia, rughe, calli, verruche, pancere e pance. Praticamente un circo degli orrori, intervallato da commenti inconsapevolmente esilaranti: "Ma sei ringiovanito!", "Sembri tuo figlio!", "Sei come il vino, con gli anni migliori!", "Quale delle due è la foto attuale? non si riesce a distinguere...".

Questi sono solo alcuni esempi di ciò che si può leggere sotto le foto pubblicate per la "10 Years Challenge", perché il complimento innesca complimenti di rimando e quindi consenso.
Se fossimo più sinceri, se non fossimo tutti immersi in un contesto di felicità aumentata e di scambio di consensi, sotto quelle foto leggeremmo ben altro: "Ma in questi dieci anni ti sei mangiato tutta la famiglia?", "È una nuova moda quella di attorcigliare le tette alle caviglie?", "Hai in testa il monumento ai caduti?", "Perché come foto attuale hai messo quella di Lino Banfi?", "Facevi schifo da giovane, fai più schifo da vecchio", "In questi dieci anni un salto a Lourdes potevi anche farlo, no?".

L'ODIO NECESSARIO

Cuoricini a foto di gente arrestata, cuoricini a foto di gente sparata, cuoricini nei posti più inappropriati, cuoricini ovunque. Siamo stati indotti a dare il nostro consenso in modo facile e veloce: il cuoricino su Instagram, il pollice in su su Facebook e così via. Tutto si semplifica e perde di sostanza. Anche l'odio si può misurare in pollici e cuoricini. E nell'era della dipendenza dal consenso anche l'odio diventa una necessità. Basta scorrere i commenti ai post di vip e politici: il messaggio portatore di odio non manca mai. Ormai siamo abituati a cercarlo, in alcuni casi lo vogliamo a tutti costi, e in questo modo facciamo guadagnare consenso agli autori di quei messaggi.

Quando parlo di odio, non parlo di battute ironiche, ma di veri e propri commenti al vetriolo. C'è chi augura la morte, chi malattie, chi violenze. Sui social i portatori d'odio – o hater – sono tantissimi. Il loro motto potrebbe essere "odio ergo sum": praticamente odiando si sono creati un personaggio, sono diventati qualcuno. E se tra utenti cosiddetti "normali" ci si augura peste e corna, i grandi comunicatori, o influencer, sono in grado di condizionare masse di utenti e orchestrare veri e propri linciaggi o *shitstorm*.

L'odio è necessario perché rafforza il messaggio. Se per

esempio io volessi dare inizio a una campagna contro i "portatori sani di risvoltini dei pantaloni" e mi affidassi a post tipo "Non mi piacciono i risvoltini e li trovo assurdi", non susciterei grande interesse nel mio pubblico. Se invece trasformassi il portatore sano di risvoltino in un pericolo pubblico, sfruttando le paure degli individui, la mia campagna otterrebbe più risultati. "Il risvoltino è un chiaro messaggio omosessuale che sta distruggendo la famiglia tradizionale. Attenti ai vostri figli e a cosa indossano". Di fronte a un'affermazione del genere di sicuro qualcuno mi darebbe del pazzo, ma allo stesso tempo una parte di pubblico mi sosterrebbe, perché in quel caso avrei inserito nella comunicazione un elemento che fa presa sulle paure e sui pregiudizi di una comunità ancora chiusa.

Se fino a qualche tempo fa messaggi e atteggiamenti razzisti erano banditi dalla società civile, oggi, grazie anche ai social, sono diventati accettabili (quasi tutti introdotti dalla doverosa premessa "non sono razzista ma..."). Il razzismo viene presentato come la risposta alle paure degli individui, come la soluzione di tutti i mali della società, e in questo modo si trasforma in qualcosa di necessario. L'odio diventa un'arma per trarre consenso dalla massa. E se i social sono diventati il porto franco dei rancorosi di professione, capaci solo di aggressioni verbali e insulti all'indirizzo dell'altro, la colpa è anche dei loro gestori, che finora hanno fatto ben poco per contrastare chi alimenta l'odio, e di un buco normativo internazionale che ancora oggi stenta a risolversi.

L'Osservatorio Italiano sui diritti – Vox – ha mappato il flusso di odio su Twitter analizzando 215.377 tweet estratti in base a 76 parole chiave riconducibili a odio e intolleranza, nel periodo tra marzo e maggio 2019. I risultati sono preoccupanti. Rispetto all'anno precedente, l'odio contro i migranti ha registrato un incremento del 15,1%. È aumentata anche l'intolleranza contro gli ebrei (+6,4%) e i musulmani (+6,9). Anche le donne sono tra i bersagli preferiti degli hater (+1,7% di tweet negativi rispetto al 2018). Lo studio di questi dati fa emergere inoltre un'evidente correlazione tra l'odio sui social e il linguaggio politico. Accade spesso, infatti, che i tweet razzisti o xenofobi aumentino considerevolmente in seguito a dichiarazioni da parte di politici dai toni particolarmente aggressivi e discriminatori.
Dallo stesso studio, però, emerge anche un'Italia meno intollerante nei confronti degli omosessuali dopo l'introduzione della legge sulle unioni civili. Questo dato dovrebbe suggerirci che l'odio non è una malattia incurabile. Le buone pratiche possono produrre un cambiamento culturale. Una legge sullo Ius soli, per esempio, potrebbe fare molto per combattere l'intolleranza razziale. Purtroppo, però, i nostri politici sembrano avere altro a cui pensare e, anzi, spesso sono i primi ad alimentare il fenomeno dell'*hate speech* con messaggi che più o meno indirettamente incitano alla demonizzazione del diverso sotto il profilo razziale, sessuale e anche ideologico.

GLI HATER CHE HANNO FATTO PALO

La cosa più sorprendente è che gli hater sono in maggioranza uomini e donne grandi e vaccinati, o almeno questo mi suggerisce l'esperienza diretta sulle mie pagine social. Mi è capitato spessissimo, infatti, di ricevere messaggi aggressivi da cinquantenni, che per esempio non condividono le mie posizioni sull'accoglienza dei migranti. Gente adulta, con un lavoro e una famiglia, a volte perfino con una bella macchina, che però si scaglia contro tutti e tutto, apparentemente senza motivo. Sono arrabbiati, soffrono di invidia sociale: evidentemente la macchina bella non basta, vogliono la fuoriserie che non possono permettersi. Ed è curioso che proprio gli adulti – i primi a criticare i giovani per la loro dipendenza da social – siano anche i primi a farsi portatori di odio, razzismo e rabbia.

Svariate analisi dei flussi e degli utenti del web confermano la mia impressione che siano proprio gli adulti i principali responsabili del clima di odio che aleggia sui social. Innanzitutto sappiamo che i social guadagnano sempre più utenti: nel 2019 erano quasi 3,5 miliardi, con una permanenza media online che si aggirava in-

torno alle sei ore giornaliere. La piattaforma Facebook resta il leader dei social media ma, pur avendo un numero sempre più elevato di utenti di età superiore ai cinquantacinque anni, perde utenti tra il pubblico di età inferiore ai diciotto. I più giovani migrano su Instagram con una maggiore incidenza di utenti nella fascia di età compresa tra i diciotto e i trentaquattro anni; e poi c'è TikTok, che ha catalizzato l'attenzione degli adolescenti. Da questi dati si evince quanto gli adulti siano presenti in maniera predominante sul social che più degli altri veicola odio.
Certo, non lo ammetteranno mai, ma questi adulti odiatori riversano le loro insoddisfazioni sui social sperando in una rivincita. Ricordo un sessantenne professore di scienze che una volta mi ha urlato su Facebook: "Basta con questi negri che ci tolgono il lavoro!". Chiamando a raccolta tutta la mia pazienza, ho provato a fargli un discorso sull'accoglienza, sul fatto che forse non siamo stati in grado di gestire bene il fenomeno migratorio. Insomma, ho cercato di confrontarmi tentando di capire le sue ragioni. Ciononostante, lui ha continuato, imperterrito, a rispondermi con una raffica di luoghi comuni imbarazzanti: "Trattano male le donne e lo faranno pure con le nostre", "Noi siamo cristiani e abbiamo la nostra identità, loro non sono disponibili ad accettare le nostre tradizioni e ci obbligano a togliere il crocifisso dalle aule!". E ancora: "Che poi qui arrivano solo guerriglieri nascosti sotto le mentite spoglie dei rifugiati".
Di fronte ad argomentazioni così sconfortanti ero disarmato, così sono andato a sbirciare sul profilo del profes-

L'ARTE PORTA PARECCHIO CONSENSO, SPECIE DA QUELLI CHE NON LA CAPISCONO O HANNO POCA CULTURA. QUINDI QUANDO VEDETE UN QUADRO QUALSIASI, FOTOGRAFATELO E POSTATELO CON FRASI DI QUESTO TENORE: "SIAMO PICCOLISSIMI RISPETTO ALL'ARTE" O "I VERI GRANDI" O ANCORA "TUTTI DOVREMMO FERMARCI DAVANTI A QUESTO".

sore e ho cominciato a sfogliare le sue foto. Aveva una moglie – coraggiosa, ho pensato, considerato l'elemento – e due figli ormai grandi. Passava spesso le vacanze in qualche villaggio turistico con amici. Non risparmiava "mi piace" a pagine religiose, anticasta o dedicate a squadre di calcio e fotomodelle. E soprattutto condivideva spesso articoli tratti da fonti discutibili. Un profilo da "nuovo italiano medio", cioè di colui che nella vita "ha fatto palo". Cosa intendo con questa espressione? Ci sono persone che nella vita hanno calciato davanti alla porta, ma hanno preso il palo. E del mancato gol non danno la colpa a se stessi o al destino, ma al palo. Io questi odiatori Over li immagino tutti così: volevano una moglie o un marito migliore, figli più in gamba, un lavoro più prestigioso e invece si ritrovano ingabbiati in una vita normale. E, invece di accettarla, perché forse più di quella non avrebbero meritato, se la prendono con gli altri. Ragionare con chi ha fatto palo è impossibile, perché anche se parli di astrofisica loro sanno tutto, hanno studiato l'argomento su un canale digitale e sono preparatissimi. E se invece vuoi parlare di banche? Sono esperti anche in quello, perché hanno scoperto la verità su un blog. E così come non accettano di aver fatto palo e di essere stati sconfitti, non accettano nulla che sia diverso dal loro pensiero.

Sfortunatamente il professore di scienze non era un'eccezione. Ho purtroppo riscontrato che fra gli odiatori Over non mancano gli insegnanti. Quando partecipo a incontri con gli studenti, mi accorgo che i ragazzi sono molto più aperti ai cambiamenti della società e molto più disposti ad ascoltare dei loro docenti. In alcuni casi mi sono divertito a sbirciare i profili di questi insegnanti così chiusi e conservatori. Ho trovato professori e professoresse che si fotografano in pose da modelli, pettorali e tette al vento; insegnanti che condividono catene di Sant'Antonio assurde tipo "Condividi questo messaggio altrimenti ti tolgono dieci euro dal credito del tuo telefonino", o messaggi religiosi dal sapore medioevale. Certo, anche gli insegnanti sono liberi di usare i social come meglio credono, ma mi sono sempre chiesto che cosa pensino di loro gli studenti. Cosa pensano del professore di chimica che si dichiara "vedovo" nel suo profilo Facebook, quando in realtà è sposato? O della loro professoressa di disegno tecnico che posta come foto profilo quella di Ivana Spagna? E, peggio ancora, cosa pensano quando s'imbattono in messaggi portatori di odio firmati dai loro stessi insegnanti? Per fortuna i ragazzi sono più maturi di quanto crediamo e sanno riconoscere i modelli da non imitare.

CONDOGLIANZE SOCIAL

Tra i miei esercizi macabri c'è anche quello di visitare le pagine social di chi muore. È consuetudine, ormai, fare le condoglianze al morto direttamente sul suo profilo Facebook. "Condoglianze a te e famiglia", si legge spesso. E ogni volta io non posso fare a meno di domandarmi: "Ma se quello è morto, come fa a leggere che tu sei dispiaciuto?". E poi: "Se sei convinto che ti ascolta, perché non gli chiedi qualche numero da giocare al Lotto?".
Qualcuno sostiene che i messaggi al morto siano in realtà diretti ai parenti e che servano a risparmiare sul telegramma, ma io ho il dubbio che dietro ci sia dell'altro. Sospetto che chi scrive sulla pagina di una persona appena scomparsa lo faccia per essere presente in uno spazio che in quel momento è al centro dell'attenzione, per appropriarsi del lutto, così da ricevere a sua volta condoglianze e parole di affetto. È per questo che, quando perdiamo una persona cara, pubblichiamo una foto che ci ritrae insieme a lei. Basta una foto ricordo e sotto fioccheranno commenti come: "Mi spiace, ti sono vicino", "Sarà stato un dolore per te". E se poi alla foto aggiungiamo didascalie come "Ho perso parte di me", allora la reazione del nostro pubblico sarà ancora più calorosa.

Il dolore attira consenso: non è una novità. Lo vediamo da sempre ai funerali. Chi non ha mai assistito a scene di pianto e disperazione da parte di persone sconosciute... "Ma chi è quello?" mi sono chiesto in più di una occasione per poi scoprire che forse si trattava di un parente di ottavo grado. Ricordo un funerale di un mio zio morto a centotré anni. Una delle nipoti, che prima di vedere la sua foto sui manifesti non sapeva nemmeno come fosse fatto il defunto, piangeva a comando. Si guardava intorno e, non appena vedeva un drappello di congiunti pronti a impietosirsi, iniziava a gridare e a strapparsi i capelli. "Povero Zio Tonino... quanto mi manchi, Zio Tonino!". Peccato che il morto si chiamasse Salvatore.

Naturalmente ognuno è libero di vivere il dolore a modo suo. Io penso che sia un fatto intimo e riservato, ma posso capire che altri traggano consolazione dall'ostentazione del dolore e che trovino sollievo nel consenso o, meglio, nella vicinanza della gente. Tuttavia di fronte a certi episodi di protagonismo il dubbio mi resta. Per esempio, quando la cugina di mia nonna ha scritto "Riposa in pace" a un cantante giamaicano, ho dubitato seriamente della sua sincerità, considerato che la signora aveva almeno ottantasei anni e che ascoltava solo la musica dell'organo della chiesa durante la novena di san Giuseppe.
Sono interessanti anche i messaggi di quegli innamorati che dopo essere stati lasciati sfogano la loro sofferenza sui social: "Purtroppo ho amato tanto, ma non sono stato ricambiato, l'importante è dare amore". Sono convinto che frasi simili nascondano in realtà pensieri molto meno nobili ("Brutta stronza, perché mi hai lasciato per

il macellaio di carne equina?"). In ogni caso il loro scopo non è esprimere sentimenti autentici, bensì ottenere solidarietà e consenso. Infatti le risposte consolanti non mancano mai: "Ma no, tu sei un bravo ragazzo", "Vedrai che troverai di meglio", "Io sono vegetariano" (c'è sempre qualcuno che si lascia sfuggire particolari segreti della vicenda amorosa). E così la pianta della felicità aumentata mette radici nel terreno dell'infelicità.
Questo meccanismo si verifica anche quando la sofferenza viene da situazioni più gravi, come per esempio una malattia. Sui social in questi casi si moltiplicano i messaggi di solidarietà da parte di gente che spesso vuole solo mettersi in mostra. È lo stesso motivo per cui molti politici si fanno fotografare nelle mense dei poveri durante il periodo natalizio. Spesso siamo i primi a criticare lo sfruttamento del dolore ai fini del consenso elettorale, ma anche noi involontariamente ci rendiamo protagonisti di azioni simili.

Questo bisogno di protagonismo a tutti i costi mi induce a pensare che sono i social network a dettarci l'agenda e che ormai noi utenti non possiamo permetterci di mancare agli appuntamenti importanti. Dobbiamo essere presenti per mostrarci agli altri e per migliorare il nostro posizionamento. Siamo diventati bravi ad appagare la nostra infelicità con il consenso, solo che in questo modo stiamo vivendo in una vita parallela che non è assolutamente la nostra.

POLARIZZARE CON LA FRITTATA DI COZZE

Dopo aver studiato la felicità aumentata e il meccanismo del consenso, sono passato a chiedermi come questi fenomeni abbiano influito sulla comunicazione persuasiva in campo sia pubblicitario sia politico.
Per quanto messaggi pubblicitari e slogan politici possano apparirci genuini e spontanei, sappiamo che la comunicazione persuasiva non è mai improvvisata e che dietro ci sono tecniche e metodi ben precisi. Penso soprattutto al successo che in questo periodo storico stanno ottenendo i partiti populisti. In gran parte il consenso che riscuotono dipende dalle strategie comunicative che hanno messo in campo. Di questi tempi, i temi più caldi per l'opinione pubblica sono la territorialità, il razzismo, le questioni di genere e la povertà. I partiti populisti sono stati bravi a organizzare la loro narrazione attorno a questi argomenti. Loro hanno scelto il terreno di gioco e i partiti di opposizione non hanno potuto fare altro che adeguarsi, ritrovandosi a giocare in difesa.

A proposito di temi quali la territorialità e le questioni di genere, mi sono divertito a fare un esperimento. Con l'aiuto del mio amico Sabino ho inciso una canzone dal titolo *Coincidance*, anche se il mio intento non era certo quello di scalare la vetta delle classifiche mondiali. In effetti il brano non ha avuto grandissimo successo in rete. E fin qui voi mi direte: "E allora?". L'esperimento è cominciato dopo. A una settimana circa dall'uscita della canzone ho chiesto al mio amico Michele Monina, giornalista del settore musicale e stimato critico, di scrivermi una stroncatura. L'articolo però non avrebbe dovuto semplicemente affossare il brano, ma creare una spaccatura nel mio pubblico. Come vedremo, infatti, la polarizzazione del pubblico è una delle strategie più efficaci per arrivare al consenso: dividerlo in due gruppi, i fan e gli odiatori, riducendo il più possibile la fetta di indifferenti. L'articolo di Monina, quindi, non avrebbe dovuto prendere di mira la mia voce o la metrica della canzone, ma contenere attacchi di natura personale, riguardanti le mie origini pugliesi e la mia sessualità. Per farla breve, Monina ha scritto che ero omosessuale e venivo da una terra arretrata dove si fanno le frittate di cozze con i gusci. Un mix di allusioni e cattiverie che nulla avevano a che fare con la musica.

Il pezzo è stato pubblicato su un blog di settore, neanche tanto famoso. Naturalmente l'ho subito condiviso sulle mie pagine, accompagnato da un commento molto distaccato in cui sottolineavo il senso di appartenenza alla mia terra. L'effetto domino ha subito preso il via. Si è scatenata una pioggia di commenti in difesa della Puglia e del mio orientamento sessuale. A seguire, anche se in numero minore, sono intervenuti utenti che invece hanno

REGOLA 8

SE AVETE UN BEL CORPO VA USATO, SEMPRE. PETTORALI E ADDOMINALI, SENO E SEDERE VANNO SFRUTTATI AL MASSIMO, MA CON UMILTÀ. QUINDI, SE POTETE MOSTRATELI, MA IN SCENE E OCCASIONI DI VITA QUOTIDIANA. UNA FOTO A PETTO NUDO MENTRE SI VA IN BANCA, PER ESEMPIO, CON QUESTE PAROLE: "IL POTERE DELLE BANCHE HA ROVINATO IL PAESE".

preso le parti di Molina, rincarando la dose di attacchi e prendendosi un piccolo spazio di visibilità. Qualcuno mi ha scritto: "Lo sapevamo che eri ricchione"; altri, riferendosi alla Puglia, hanno commentato: "State così arretrati che non sapete la differenza tra cozza e guscio". Una battaglia spietata a colpi di post spesso completamente scollegati dall'argomento. Un circo dei commenti spettacolare: chi si schierava a favore della frittata con le cozze; chi contestava la cucina marchigiana, per prendersela con Molina, che è originario delle Marche; qualcuno già che c'era ha cominciato una crociata contro il Nord.

Se sulla mia pagina la situazione era preoccupante, sui profili social di Molina era addirittura drammatica: attacchi senza freni, parole pesanti, minacce. La polemica nel frattempo diventava virale, generando un numero di condivisioni e di accessi al blog da record. C'era chi minacciava azioni giudiziarie, come uno studio legale che ha scritto una lettera al direttore responsabile accusandolo di aver vilipeso il buon nome della Puglia. Circolavano voci secondo cui un parlamentare era pronto a presentare un'interrogazione sulla vicenda. In questa guerra aperta tra sostenitori e detrattori, tutti hanno perso completamente di vista l'oggetto della discussione e quindi i contenuti dell'articolo. Già, perché tra le migliaia di utenti che hanno preso parte alla discussione nessuno si è accorto che l'articolo era volutamente surreale. E nessuno si è domandato come mai lo stesso Molina figurasse tra gli autori del brano e avesse partecipato al videoclip di promozione, munito di chitarra

e occhiali rosa. Niente, tutti questi evidenti indizi sono stati offuscati dal livore e dalla concitazione.
La situazione non è cambiata nemmeno qualche giorno più tardi, quando ho intervistato Monina per un servizio sul mondo della musica. A nessuno è venuto il dubbio che tra me e il giornalista potesse esserci un accordo. Erano ancora tutti impegnati a discutere sui gusci nella frittata con le cozze e sul mio orientamento sessuale. Sono bastati questi due argomenti per creare una platea pro e una contro, facendo diventare un caso nazionale un articolo basato sul nulla, o meglio su una serie di grossolane illazioni, palesemente surreali e senza senso. Questo episodio mi ha confermato che molto spesso la comunicazione sui social non è fatta di contenuti ma di prese di posizione, soprattutto quando al centro della discussione ci sono temi delicati come l'appartenenza al territorio o l'omosessualità. Davanti a questioni così sentite si scatenano guerre mediatiche ma nessuno riesce a entrare nel merito. Il livello del discorso scende inevitabilmente e il qualunquismo dilaga.

In questo contesto il populismo trova l'habitat ideale in cui diffondersi. I partiti populisti lanciano discussioni più o meno attendibili e i partiti tradizionali rispondono scendendo al loro stesso livello e facendo il loro gioco. Per fare un esempio, negli ultimi tempi si parla tanto di fascismo. La risposta a questa ideologia è l'antifascismo, ce lo dice anche la Costituzione. Ma il punto è un altro: l'antifascismo dovrebbe essere un principio che sta al di sopra degli schieramenti, non dovrebbe essere chiamato in causa nel dibattito politico quotidiano. Altrimenti il rischio è che il neofascismo venga sì percepito come un'ideologia contrapposta all'antifascismo, ma tutto sommato con pari dignità. Involontariamente o per scarse capacità, i politici e gli attivisti che si dichiarano antifascisti finiscono per comunicare come se fossero la parte all'opposizione. Usano la grammatica della destra ma, lottando su un campo avverso, partono in maniera svantaggiata. E quindi in qualche modo favoriscono l'aggregazione di esaltati nostalgici del fascismo.

Come si esce da questo vicolo cieco? Davanti alla frittata con le cozze e i gusci – o al fascismo – non dovremmo rispondere definendoci anti-frittata con i gusci ma dovremmo cercare di approfondire la questione, spostando l'attenzione su un piano a noi più favorevole. Io per esempio ho risposto all'articolo di Molina con una nota stampa che conteneva soltanto la ricetta della frittata pugliese di cozze, ovviamente senza gusci.

UNA SOCIETÀ NELL'ACQUARIO

Un giorno un mio amico mi ha regalato un acquario, così mi sono comprato alcuni pesci rossi, delle piantine e qualche sasso da metterci dentro. Forse con le piantine ho esagerato, infatti dopo l'acquario sembrava un fiume amazzonico, ma questo è un altro discorso. Passato qualche giorno mi sono accorto che i pesci rossi mi riconoscevano. Cioè, non riconoscevano me, bensì i miei movimenti. In particolare riconoscevano i movimenti che facevo quando mi avvicinavo all'acquario perché li associavano alla somministrazione del cibo. Bastava che mi vedessero arrivare e salivano tutti contenti verso la superficie già pronti a mangiare. Naturalmente si comportavano allo stesso modo anche quando passavo di lì per caso o quando si avvicinava all'acquario un'altra persona.

Qualche tempo dopo ho letto su una rivista che il nostro grado di attenzione è di un secondo inferiore a quello dei pesci rossi. Così, una sera, mentre Sabino mi raccontava al telefono le sue ultime avventure amorose, io seduto nel mio studio osservavo i pesci e pensavo a noi utenti di smartphone. Quante volte ci è capitato di sentire il cellulare che vibrava in tasca, ma in realtà non vibrava? Quante volte ci è sembrato di sentire la suoneria, ma in realtà il telefono non squillava? Ecco, noi siamo come i pesci rossi che aspettano il cibo, solo che il nostro cibo è lo smartphone. E, come se non bastasse, abbiamo una soglia di attenzione più bassa di quella di un pesce rosso. Il che significa che ormai non riusciamo più a soffermarci su un testo e che la nostra capacità di concentrazione è molto scarsa.

Fate un calcolo di quanti messaggi ricevete e inviate al giorno, tra e-mail, WhatsApp, Facebook e Instagram, e poi dividetelo per le ore in cui siete svegli. Secondo il Global Digital 2018 per ogni ora di vita ordinaria, ovvero quando non dormiamo, passiamo quindici minuti sui social network o perlomeno veniamo distratti dal nostro smartphone, cioè una volta ogni tre-quattro minuti. Per esempio c'è una probabilità del 50% che durante la lettura di questa pagina la vostra attenzione venga rapita dallo smartphone, anche solo per una rapida occhiata. I motivi di distrazione possono essere svariati: l'attesa di un messaggio, l'impressione – anche erronea – di averlo sentito squillare, di aver percepito una vibrazione o di aver visto lo schermo illuminarsi. In tutti questi casi vi interromperete, e la lettura di questo libro potrà risultare più frammentaria e faticosa. Sempre secondo lo stesso studio, ogni tre pagine circa una buona parte di voi andrà a controllare WhatsApp.
La nostra giornata è inframezzata da centinaia di pause in cui siamo distratti a causa degli smartphone, mentre magari dovremmo essere concentrati su altro. Avere una

scarsa capacità di concentrazione vuol dire non approfondire mai, e questo ci porta a essere superficiali. E come si può catturare l'attenzione di individui distratti e superficiali? Con un linguaggio semplice o semplicistico, con messaggi immediati, che non hanno bisogno di approfondimento e arrivano subito. Un cartello che dice "Tutto in Offerta 9,99 euro" colpisce immediatamente la nostra attenzione. Mia nonna sostiene che dietro alle offerte si nascondono sempre delle fregature ma, se il tema della comunicazione è un prodotto come un formaggio o un paio di scarpe, un messaggio rapido e semplice può starci. I problemi sorgono quando lo stesso linguaggio viene usato per veicolare messaggi politici che solitamente riguardano questioni molto più importanti di un buon formaggio con le noci.

Come abbiamo visto, il linguaggio "semplicistico" ha anche l'effetto di polarizzare e dividere. A questo proposito nel 2018 mi ha colpito molto la protesta partita dai social dopo l'introduzione dell'obbligo di utilizzare sacchetti biodegradabili per l'imballaggio di frutta e verdura nei supermercati. È cominciato tutto con qualche immagine che girava nel web, denunciando una nuova "tassa" che avrebbe svuotato le tasche dei consumatori. Da qui la polemica è montata. I consumatori sono scesi in piazza – quella digitale – per scagliarsi contro un costo che ritenevano ingiusto e indegno. La questione è perfino finita in parlamento.
Ora, sembra incredibile, ma tutta questa campagna di protesta ruotava attorno a qualche centesimo. Il costo di un sacchetto biodegradabile oscilla, infatti, da uno a tre

centesimi di euro. Le stesse monetine di rame maleodoranti che spesso abbandoniamo ovunque pur di non tenerle in tasca e che io uso nei sottovasi per allontanare le zanzare – con scarsi risultati, devo ammettere; gli stessi spiccioli che lasciamo alla cassiera quando ce li dà come resto. Sono quei tre centesimi che se ci capita di vedere a terra non ci chiniamo nemmeno a raccogliere. Eppure quei tre centesimi hanno scatenato una protesta che ha tenuto banco per diverse settimane. E mentre i tre centesimi suscitavano clamore e tenevano sotto scacco i nostri politici, la benzina zitta zitta aumentava di quaranta centesimi al litro, senza che nessuno se la filasse. Come si spiegano reazioni così diverse, se non nel modo in cui sono state divulgate le due notizie? Un'immagine che circola sul web per denunciare una fantomatica tassa da tre centesimi fa sicuramente più presa del listino prezzi del distributore di benzina. Inoltre quell'immagine comunicava un messaggio immediato: "Quello che prima era in omaggio oggi ha un costo". L'aumento del costo della benzina, invece, è ancorato a una serie di variabili difficili da raccontare (dal costo del barile alla crisi in Medioriente passando per le accise).

Questa velocità comunicativa, che ovviamente è correlata alla nostra incapacità di mantenere un grado di attenzione adeguato, caratterizza ormai qualsiasi messaggio pubblicitario. Siamo bombardati quotidianamente da microspot: quelli che siamo costretti a guardare prima dei video, in attesa di poter cliccare su "salta l'annuncio", quelli che compaiono tra una storia e l'altra di Instagram, quelli su Facebook. Tutto il mondo della pub-

REGOLA 9

I GATTI SONO DEGLI ACCHIAPPA-LIKE FORMIDABILI, SFRUTTATELI. SE NON NE AVETE, FATEVENE PRESTARE QUALCUNO SOLO PER SCATTARE FOTO. ORMAI LA FOTO DEL GATTO SEMPLICE NON SERVE A MOLTO, PERÒ PROVATE A COSTRUIRLA. INFILATELO IN UNO STIVALE E SCRIVETE COSE TENERE: "ANCHE SE ROVINA TUTTO COME FAI A NON AMARLO?".

blicità ci subissa di messaggi immediati, quindi semplici o, nella peggiore delle ipotesi, semplicistici, per captare quel che resta della nostra attenzione.
Secondo un rapporto della CNBC che cita i dati di comScore, i video pubblicitari di pochi secondi sono più efficaci nell'attirare l'attenzione dei millennial. Per rivolgersi ai consumatori più giovani, figli di una società "immediata" e "impaziente", è essenziale puntare sulla brevità dei contenuti. Siamo tutti impazienti e vogliamo informazioni immediate. Non abbiamo tempo da perdere. Leggiamo i riassunti delle notizie o ci soffermiamo solo sui titoli. Abbiamo bisogno di risposte, subito, e per questo ci affidiamo a Google per qualsiasi cosa, anche la più banale, dimenticandoci che possediamo un cervello. C'è stato un tempo in cui, davanti a un dubbio sull'ortografia di una parola o sulla correttezza di una data, ci sforzavamo di scavare nei meandri della memoria; ora ci limitiamo ad aprire un motore di ricerca e a digitare domande tipo: "Si scrive dové o dov'è", "Il nome vero di Caravaggio?" o ancora "Ma dentro riso patate e cozze si mette anche la zucchina?".

Sul principio dell'immediatezza e dell'impazienza sono costruiti anche tutti i titoli di giornale. Basta dare un'occhiata agli articoli più condivisi sul web: i titoli di solito sono frasi a effetto, il testo degli articoli è di tutt'altro tenore. Ma nessuno degli utenti che condividono quegli articoli pare accorgersene. Su questo curioso fenomeno vi propongo di fare un esperimento. Scrivete un articolo sulla vostra pagina social o sul blog. Partite da un titolo diretto e polemico, qualcosa contro il sistema, meglio ancora se ci infilate dentro anche un minimo di complottismo. All'interno dell'articolo, invece, inserite la ricetta di "Riso, patate e cozze", quella con la zucchina. Analizzando i commenti e le condivisioni, vedrete che pochi utenti si accorgeranno della discrepanza fra titolo e contenuto. Questo perché la maggior parte si soffermerà solo sul titolo e commenterà o condividerà l'articolo senza neanche leggerlo.

Dunque, l'immediatezza e l'impazienza la fanno da padrone e condizionano le nostre scelte, in campo sia politico sia commerciale. Siamo passati dalle lunghe pubblicità di *Carosello* a microspot di qualche secondo. E all'origine di questo processo di semplificazione, oltre alla progressiva perdita della capacità di attenzione, c'è anche un altro fattore: la felicità, che è diventata un mezzo per pilotare le nostre scelte commerciali. Non è solo una mia opinione: studi recenti ci dicono che esiste una stretta correlazione tra i nostri acquisti e il nostro umore. Tendenzialmente l'infelicità e la felicità ci spingono ad acquistare prodotti diversi, condizionando il nostro shopping. Per tradurre in parole povere, più siamo tristi più ci orientiamo verso prodotti pronti all'uso, mentre la felicità indirizza i nostri acquisti su beni durevoli.
Posso citare diversi esempi a favore di questa tesi. C'è per esempio la cognata di mia cugina che, oltre a essere esperta di acquisti online, è eternamente infelice. L'ultima volta ha ordinato una partita di duecento ventose per appendere gli asciugamani. Secondo quello che prometteva l'annuncio, le ventose avrebbero dovuto essere resistenti anche a carichi pesanti, nella realtà cadono se

ci appoggi solamente un fazzoletto di carta. Sabino, che invece è eternamente felice, fa pochi acquisti – di solito a mio carico. In compenso sbircia qualsiasi annuncio di case ed è diventato un esperto di mercato immobiliare. Ormai nei suoi discorsi spunta sempre una cantina o un box auto che mi propone come l'affare del secolo.

Un esempio ancora più eclatante è quello di un mio procugino, anche se a dire il vero non sono proprio sicuro che siamo parenti (immagino che anche voi avrete parenti nella vostra famiglia che non sapete bene dove collocare nell'albero genealogico...). Ritornando al mio procugino, da tempo ha scoperto l'acquisto online tramite app, un mondo funesto dove trovi tutto a pochi euro. Un po' perché preso da una smania incontrollabile, un po' perché desideroso di far sapere a tutti che è un assiduo frequentatore di siti e-commerce (che va tanto di moda), da qualche tempo sta acquistando di tutto. La settimana scorsa mi ha fatto vedere le eliche di un drone. "Scusa, ma da quando piloti dei droni?" gli ho subito chiesto io. "Non so neanche come è fatto un drone ma le eliche stavano in offerta". Alle eliche si sono aggiunte esche per la pesca in mare (nonostante il suo paese sia a 630 metri di altitudine e a 186 chilometri dal primo lido), ferri da maglia specifici per la lana merino (per quanto il mio procugino non abbia alcuna dimestichezza con la lavorazione del filato) e un impianto di irrigazione (vive in un monolocale circondato da cemento, senza manco un vaso dove piantare il basilico).
Ogni tentativo di convincermi della validità dei suoi acquisti, naturalmente, è stato vano. Anzi, grazie al suo

esempio sono riuscito a elaborare una formula quasi infallibile: immediatezza degli spot pubblicitari + immediatezza delle app dove si acquista con un clic + desiderio di felicità aumentata = un sacco di acquisti inutili. Nel caso del mio procugino, poi, c'è un altro elemento interessante: la felicità che si prova al momento della consegna del pacco. In questo mondo fatto di immediatezza abbiamo dimenticato l'emozione che può darti una lettera, una cartolina o un pacco postale. Per mio cugino la felicità non era nascosta nel contenuto dei pacchi, ma stava nel ricevere qualcosa. È quel tipo di emozione primordiale che si prova da bambini davanti a un regalo, soprattutto se inatteso. Anche questa, però, in fondo è una felicità aumentata, o meglio è organizzata: ho la sensazione di ricevere un regalo, quando in realtà l'ho acquistato e me lo sono fatto spedire.

Questa correlazione tra acquisti e stato d'animo spiega anche il proliferare sul web di campagne pubblicitarie basate sull'esasperazione della felicità e del bello. La felicità, quindi, genera consenso anche commerciale, muove le economie e sposta l'orientamento delle masse.

SEMPLICE VS SEMPLICISTICO

L'immediatezza e l'impazienza guidano le nostre azioni nel quotidiano, anche quando prendiamo decisioni che meriterebbero più attenzione e approfondimento. Abbiamo bisogno di messaggi facili da capire e veloci, e la pubblicità e la politica ci accontentano comunicando con un linguaggio semplice. Ma, più che semplice, direi che il linguaggio che caratterizza la comunicazione su social e sul web è semplicistico. Qual è la differenza? Un messaggio semplice esprime concetti in maniera chiara ed essenziale, un messaggio semplicistico omette alcuni aspetti, spesso in maniera dolosa.

Prendiamo a esempio un tema sempre molto dibattuto e popolare, come quello delle tasse. Possiamo trattarlo in modi molti diversi. Se io dico: "La pressione fiscale è molto alta, ma non ci consente di avere un servizio pubblico efficiente, a causa degli evasori e di una cattiva gestione del denaro pubblico", sto argomentando in modo semplice, ma sufficientemente esaustivo e approfondito. Il mio intento, in questo caso, non è solo di affermare una verità, ma di suscitare una discussione.

Se invece dico: "In Italia non funziona niente... Roma ladrona" non lascio spazio ad alcun confronto. Di fronte a un'affermazione così perentoria e brutale, le uniche possibilità sono mostrarsi favorevoli o contrari.
Ecco un altro esempio sempre relativo a un tema molto popolare ai nostri tempi: l'immigrazione. Versione semplice: "Alcuni immigrati creano disagi, perché l'accoglienza non è regolamentata e gestita in modo efficiente". Versione semplicistica: "Gli immigrati creano problemi perché sono tutti dei delinquenti. E poi tanto non vogliono integrarsi perché la loro cultura è così...".
È evidente che affermazioni semplicistiche come "sono tutti delinquenti" o "sono così per cultura" non permettono di controbattere.

La differenza tra linguaggio semplice e linguaggio semplicistico è sostanziale. Il linguaggio semplice spiega in modo chiaro affinché tutti possano comprendere anche un concetto complesso. Il linguaggio semplicistico, quello che esce dalla bocca di molti dei nostri politici, è qualcosa di diverso. Sceglie quali verità raccontare, distorce la realtà, piega i fatti alle opinioni anche quando i fatti si basano su evidenze scientifiche.
A questo proposito mi torna in mente un messaggio che è circolato per parecchio tempo sul web: "Vogliono imporre i numeri arabi in tutte le scuole italiane, diciamo no". Questo post è stato condiviso da migliaia di persone incattivite, tutte evidentemente ignare del fatto che la matematica si basa già sui numeri arabi. Il linguaggio semplicistico è perfetto per veicolare odio e può con-

REGOLA 10

QUANDO FA TROPPO CALDO O TROPPO FREDDO LA FOTO DELLA TEMPERATURA SEGNALATA DAL QUADRO DELL'AUTO È EFFICACISSIMA. SERVE PERÒ UNA FRASE CHE ATTIRI CAREZZE: "FA CALDISSIMO, PURTROPPO NON SONO AL MARE, DEVO LAVORARE E CHISSÀ...". QUEL "CHISSÀ" NON VUOL DIRE NULLA, MA LA GENTE VI SARÀ VICINA, VI CONFORTERÀ PERCHÉ IL "CHISSÀ" VIENE VISTO COME ELEMENTO DA CLASSE OPERAIA, SFRUTTATA E MALMENATA. NON CI CREDETE? PROVATE.

vincerci di qualsiasi tesi, anche di quelle che non hanno solide basi scientifiche.
La cosa inquietante, infatti, è che il linguaggio semplicistico funziona in qualsiasi ambito. Ce lo ha dimostrato, per esempio, la polemica sui vaccini, sollevata per lo più da persone prive di competenza. La competenza, d'altra parte, ha perso valore da tempo ormai. Basta passare in rassegna le bio dei profili social. Ormai c'è un sacco di gente che si definisce "Laureato all'università della vita" o che specifica "Lavoro presso me stesso". In sostanza il percorso formativo e professionale degli individui è diventato irrilevante: ci basta l'esperienza di vita per affermarci nella società e appagare la nostra autostima. Non a caso il mio piastrellista ormai è un esperto di alta finanza e la cassiera del discount sotto casa è capace di prescrivere una dieta miracolosa anche nella versione per i diabetici.

Per sottrarci alla comunicazione vuota e semplicistica dei nostri tempi dovremmo selezionare le nostre fonti, puntando su chi pone dubbi e domande e scartando chi detta ricette e certezze. Purtroppo per una selezione accurata servono tempo per riflettere e spazio per approfondire. Mentre nella nostra quotidianità ormai lo spazio è risicato. Anche se ci illudiamo di nuotare in un oceano, in realtà ci muoviamo in un acquario e rispondiamo in modo quasi meccanico agli stimoli esterni. Il web è il nostro acquario, e noi come i pesci rossi sappiamo che quando qualcuno si avvicina ci vuole dare del cibo: non ci chiediamo se quel cibo sia buono oppure no, perché non siamo più capaci di approfondire.

I WALKIE-TALKIE E LA POLITICA SEMPLICISTICA

Chi approfitta della nostra superficialità è sicuramente la politica. Le pagine dei social dei nostri rappresentanti politici forniscono un campionario esemplare di messaggi semplicistici. Potremmo addirittura spingerci a dire che negli ultimi trent'anni anni ha governato chi ha saputo usare una comunicazione semplicistica, alla portata di tutti, capace di riscuotere consenso indipendentemente dai contenuti.

In questo periodo storico le parole più usate dai politici sono "famiglia", "bambini", "identità nazionale", "confini", "sicurezza", "straniero". Parole che possono colpirci anche nei momenti in cui consultiamo lo smartphone distrattamente, con una soglia di attenzione bassa. In qualche modo questi messaggi ci rapiscono e ci spingono in una direzione che magari non è proprio la nostra. Basterebbe soffermarsi a riflettere per accorgersi che spesso i politici, e molti loro fan, usano termini come "bambini" e "famiglia" in contesti in cui si parla di tutt'altro. Anzi, più spesso i loro messaggi sono in contraddizione con i valori e i princìpi legati a questi temi. Per esempio mi è capitato di leggere post come: "Apriamo i porti a donne e bambini, sostenetemi in questa battaglia per la difesa delle nostre famiglie". A prescindere dal giudizio politico, questo messaggio è una vera contraddizione in termini: parla di difesa delle famiglie e nello stesso tempo chiede che delle famiglie vengano divise, accogliendo solo donne e bambini ed escludendo i padri. Purtroppo il concetto che passa in questi casi è la "famiglia" intesa come "nostra" famiglia. La stragrande maggioranza degli utenti che leggeranno il post non avrà né il tempo né i mezzi per cogliere la contraddizione e continuerà a nuotare tranquilla nel suo acquario di piccole certezze.

Oggi tutti i politici propongono soluzioni semplici o semplicistiche, che riusciamo a capire in pochi secondi e che interiorizziamo senza preoccuparci del domani, perché in fondo domani ci sarà un altro politico, che ci darà un'altra soluzione semplice, e via così. Sicuramente questa distorsione non è solo una conseguenza dell'avvento dei social, è anche frutto di un passato caratterizzato da una politica lontana dalla gente e dalla realtà. Per anni abbiamo avuto politici capaci solo di accusare la gente di non capire, quando erano loro che non si sapevano spiegare. Si rifiutavano di usare il linguaggio popolare, perché non lo consideravano adeguato. Si comportavano come facevamo io e i miei amici del quartiere, da bambini, quando giocavamo con i walkie-talkie vinti con i punti delle merendine. Non riuscivamo a comunicare e finivamo ogni volta per litigare. Il problema era sempre lo stesso: usavamo due canali diversi e ci rifiutavamo di sintonizzare la radiolina sulla frequenza degli altri. Io ero il più testardo. Non cedevo nemmeno quando ero l'unico a stare sulla frequenza A, mentre il resto degli amici parlava sulla B. Pur di non darla loro vinta, mi isolavo. Oppure continuavo a insistere, sostenendo che sulla frequenza A c'era meno disturbo e il segnale era migliore. Come facevo io con i walkie-talkie, per molti anni i nostri politici non si sono posti il problema di cambiare frequenza e hanno finito per isolarsi. In questo modo hanno lasciato il potere in mano a chi sapeva comunicare alle masse. A quelli, cioè, che hanno capito che la frequenza B, per quanto disturbata e gracidante, riusciva ad arrivare a tutti.

MIRARE AL BERSAGLIO

In questa nuova era della comunicazione semplicistica l'elettore è considerato alla stregua di un consumatore e viene bombardato quotidianamente di messaggi. Le campagne elettorali funzionano con gli stessi meccanismi delle campagne pubblicitarie. Non a caso negli ultimi anni, in cui la società ha attraversato lunghi periodi di crisi economica, hanno avuto la meglio i politici capaci di infondere rassicurazioni, usando parole concrete e immediate, come "casa", "sicurezza", "reddito". Al contrario argomenti come "università", "ricerca" e "cultura" sono concetti meno spendibili.

Nel ginepraio delle campagne elettorali i social hanno acquistato un peso sempre più importante. Sono diventati il motore della propaganda elettorale. I politici comunicano con gli elettori direttamente sulle proprie pagine e per pescarne di nuovi si affidano ad annunci "sponsorizzati", post a pagamento che vengono propinati a un numero definito di utenti, selezionati in base a specifiche richieste. Analizzare le spese che i vari partiti hanno destinato agli annunci sponsorizzati può fornire utili indicazioni su come funziona oggi la comunicazione politica. Io mi sono concentrato sulle elezioni europee del maggio 2019, perché in quell'occasione i partiti si

presentavano autonomamente, senza formare coalizioni, e quindi ogni tipo di messaggio era diretto a portare acqua al proprio mulino.
Facebook è stata la piattaforma più utilizzata per la propaganda e ha reso pubblici dati molto interessanti. Il partito che ha speso di più in annunci sponsorizzati è stato la Lega, che poi ha trionfato con oltre il 34% dei consensi. La pagina di Matteo Salvini ha speso ben 92.313 euro in post sponsorizzati, seguita da quella del Partito Democratico, che ha investito 88.475 euro. Silvio Berlusconi, che ha dominato la comunicazione politica per tanti anni attraverso le sue televisioni, è stato costretto a spendere oltre 70.000 euro. Per le pagine di Giorgia Meloni e Fratelli d'Italia sono stati investiti più di 40.000 euro.
L'unico partito a dedicare risorse esigue agli annunci sponsorizzati è stato il Movimento 5 Stelle: solo 700 euro. È un dato che racconta molto del rapporto dei grillini con il web, che proprio qui hanno mosso i primi passi e coltivato il loro consenso. Agli annunci sponsorizzati sui social network il Movimento 5 Stelle ha contrapposto l'attivismo online. Peccato però che questo attivismo si mescoli spesso a un substrato nascosto del web che veicola informazioni false e manipolatorie.

Durante la stessa campagna elettorale Avaaz, un'organizzazione non governativa che tra le altre cose si occupa di lotta alle fake news, ha denunciato diverse pagine di Facebook che diffondevano informazioni false e discriminatorie. Di queste pagine – ventitré in tutto,

REGOLA 11

LA FOTO AL PIATTO È UN CLASSICO, POTETE FARLE OVUNQUE: ANCHE A PIETANZE CHE NON MANGIATE REALMENTE. LA MODA DEL RISTORANTE È PASSATA. ORA TIRA IL PIATTO FATTO IN CASA, ANCORA MEGLIO SE DALLA NONNA. LA NONNA SDENTATA FA TENEREZZA. POI ANDATE DI FRASI COME: "MIA NONNA È TOP", "LA TRADIZIONE E LA BONTÀ CREATE DA MIA NONNA", O SEMPLICEMENTE UN "NONNINA MIA...".

seguite da quasi due milioni e mezzo di utenti – oltre la metà sosteneva la Lega e il Movimento 5 Stelle. Una di queste pagine si chiamava "Vogliamo il M5S al governo" ed era seguita da 130.000 follower. La pagina "Lega Salvini Premier Santa Teresa di Riva", invece, era seguita da 16.000 follower. Il comune denominatore di tutte le pagine segnalate era la diffusione di notizie false. La pagina dedicata a Salvini, poi, non rispettava nemmeno il regolamento imposto da Facebook. Si trattava, infatti, di un caso evidente di "riciclaggio dei follower": inizialmente, cioè, è nata come pagina di un'associazione di allevatori di Messina per poi cambiare faccia e nome gradualmente fino a trasformarsi in una pagina politica a sostegno della Lega. Fortunatamente Facebook ha accolto la denuncia e chiuso tutte le pagine in questione.

Tornando agli annunci sponsorizzati, se i social sono diventati così importanti nelle campagne elettorali è perché la rete sa tutto di noi, sa come solleticare la nostra attenzione, la nostra vanità e la nostra passione politica. Quindi, a differenza dei manifesti elettorali di una volta – quelli che assomigliavano a santini e che molto spesso venivano lanciati nelle piazze tipo volantini americani durante la Liberazione –, gli annunci sponsorizzati mirano a un target preciso. Se L'elettore è ormai considerato alla stregua di un consumatore, i partiti sono brand che decidono di vendere scarpe piuttosto che pantaloni a seconda delle necessità del cliente.
E, proprio come i grandi brand, i partiti studiano attentamente il loro pubblico e confezionano messaggi su misura.

Ogni volta che acquisti un'inserzione sponsorizzata su Facebook hai la possibilità di selezionare le caratteristiche specifiche degli utenti che vuoi raggiungere. Puoi scegliere tra più parametri e combinarli: geografici, demografici, sociologici. Questi ultimi riguardano gli interessi, i consumi, le abitudini degli utenti. Per esempio, possiamo chiedere che l'algoritmo indirizzi i nostri messaggi a utenti tifosi di una determinata squadra di calcio, ad appassionati di un certo gruppo musicale, a membri di associazioni ambientaliste. Per recuperare questo tipo di dati l'algoritmo di Facebook ci "ruba" quotidianamente informazioni registrando le nostre attività sulla piattaforma.

In uno studio recente la Fondazione Openpolis ha individuato i parametri più utilizzati per indirizzare la comunicazione politica su Facebook durante la campagna elettorale per le elezioni politiche del 2018. Al primo posto ci sono l'età e il sesso, spesso combinati ai dati sull'origine geografica. I candidati dei partiti di centro-sinistra – forse più legati a un'impostazione tradizionale – si sono concentrati principalmente su questi due parametri. Il centro sinistra è così tradizionale che il PD, durante una campagna elettorale, ha indicato come target un pubblico adulto sostenitore del sito o delle app del Partito Democratico; della serie "non vogliamo i voti degli altri, speriamo solo di tenerci i nostri". Lega e M5S, invece, puntano molto a parametri comportamentali, ossia chi siamo, cosa vogliamo e dove vogliamo andare. Ovviamente in questa gara per guadagnare terreno in campagna elettorale vince chi riesce a raggiungere e fidelizzare gli elettori proponendo post confezionati su misura per loro. A questo proposito, Openpolis porta l'esempio di Giorgia Meloni, che in un post sponsorizzato ha dichiarato: "Dalla parte delle forze dell'ordine e delle forze armate sempre". Un messaggio incentrato su un tema specifico, diretto a utenti italiani, di età pari o superiore ai diciotto anni, che avevano manifestato interesse per l'Arma dei Carabinieri. Dalla parte opposta, Pietro Grasso, leader di Liberi e Uguali, ha scelto come target di riferimento persone interessate a Roberto Saviano, Bernie Sanders, Enrico Berlinguer e Medici Senza Frontiere. In questa lotta all'ultimo post abbiamo assistito anche a studiate invasioni di campo, come quella del leader di Casa Pound Simone Di Stefano, che ha scelto di indirizzare la sua comunicazione a utenti sostenitori della Lega, cercando così di erodere voti a un concorrente che faceva propaganda più o meno sugli stessi temi.

FAKE SLOGAN E FAKE NEWS

I politici, dunque, hanno imparato a selezionare gli utenti social per farne bersagli della loro comunicazione. Ma una cosa è individuare un target, un'altra è fare centro. La comunicazione deve essere semplice e immediata, altrimenti non c'è annuncio sponsorizzato che tenga. Come per gli spot pubblicitari, i messaggi di propaganda politica che funzionano meglio sono quelli brevi e ad alto carico emotivo. Ecco perché hanno tanto successo gli slogan. Oggi è quasi impossibile riuscire a contrastare uno slogan come "Prima gli italiani"; servirebbero tempo e spazio, per spiegare il vero senso dell'integrazione e presentare dati oggettivi. Ma, nel contesto rapido e superficiale della comunicazione social, di tempo non ce n'è.

E infatti quasi nessuno si è accorto che il tormentone "Prima gli italiani" prende ispirazione da un altro slogan coniato in Svizzera proprio *contro* gli italiani. Era il giugno del 1970 e un politico elvetico, James Schwarzenbach, fece di "Prima gli svizzeri" lo slogan della sua campagna a sostegno di un referendum per cacciare gli immigrati italiani. Lo stesso slogan è riapparso rivisitato ai tempi in cui la Lega faceva campagna elettorale contro il Sud: "Prima il Nord". E una volta, in Puglia, prima delle elezioni amministrative, mi è capitato di imbattermi nel manifesto elettorale di due candidati foggiani che inneggiavano alla salvaguardia dell'identità pugliese con un "Prima gli italiani di Foggia". "E io che sono di Bari? – mi sono chiesto. – Quando vado a Foggia a fare la spesa, devo far passare avanti i foggiani?". E poi: "Sabino, che è di Bari Nord, ha più diritti di me, che sono del quartiere Madonnella e quindi a sud?". "E di conseguenza io ho più diritti di quelli di Torre a Mare?".

In tema di slogan e comunicazione ingannevole uno dei casi più eclatanti degli ultimi anni è stata la campagna referendaria per la Brexit, che si è trasformata in una baruffa molto simile alla storia della frittata con le cozze. Nigel Farage, leader populista pro-Brexit, aveva promesso che in caso di vittoria del Leave la Gran Bretagna avrebbe potuto dirottare tutto il denaro pubblico destinato fino a quel momento alle casse della Comunità europea sul sistema sanitario nazionale. La cifra ammontava a 350 milioni di sterline a settimana. Una promessa annunciata a caratteri cubitali persino sugli autobus. Molti inglesi ci hanno creduto e hanno deciso cosa votare proprio in base a questo annuncio. Peccato che i 350 milioni di sterline si siano rivelati un mero slogan senza valore, come lo stesso Farage ha ammesso dopo la vittoria referendaria. "È stato un errore. Non posso garantire che tanto denaro andrà al servizio sanitario pubblico, è una cosa che mai sosterrei. Prometterlo è stato un errore". Si è limitato a queste parole per liquidare milioni di elettori che gli avevano creduto, facendosi trasportare dall'emotività.

Un altro esempio di fake news è quella che circola sui fondi per gli immigrati. Non si contano più i post, i link, i meme che ci ricordano, nel caso dovessimo mai dimenticarlo, che a ogni migrante sbarcato in Italia sono destinati 35 euro. La notizia di per sé non è falsa, ma omette alcuni dettagli fondamentali. Dei famosi 35 euro solo pochi spiccioli finiscono in mano ai migranti, gli altri sono gestiti dai servizi di accoglienza. Nonostante il concetto sia stato ribadito più volte, continuo a leggere e sentire in giro frasi come: "Quelli lì vengono in Italia e si prendono 35 euro al giorno senza fare niente".

Molto spesso tutto questo non è casuale: dietro le fake news ci sono disegni precisi di carattere economico e politico. Il Massachusetts Institute of Technology di Boston si è occupato della questione fake news, producendo il più grande studio sul fenomeno. Un lavoro durato dieci anni su tre milioni di utenti, e oltre 130.000 notizie. Il primo risultato emerso è tra quelli più preoccupanti: le fake news hanno una capacità di penetrazione nell'opinione pubblica molto più alta delle notizie vere. In media, una fake news raggiunge i primi 1500 utenti a una velocità sei volte maggiore di una notizia vera. Lo studio ha inoltre evidenziato che una notizia falsa ha il 70% di probabilità in più di essere retwittata e condivisa. Perché le notizie vere fanno meno presa delle fake news? Su questo i ricercatori del MIT fanno due ipotesi. Innanzitutto le fake news sono notizie più "nuove" e originali, e una notizia fresca e insolita ha più probabilità di fare breccia nella nostra curiosità. In secondo luogo le fake news solitamente fanno leva sulle emozioni e sui sentimenti. Orbitano intorno a temi "sentiti" come quelli legati all'ambiente, al terrorismo e ai disastri naturali. E per questo hanno più possibilità di entrare nel dibattito pubblico.

Uno studio sulle fake news è stato condotto anche in Italia. Demos-Italiani.coop ha interrogato un campione di italiani circa il loro rapporto con l'informazione sul web. I dati che emergono raccontano di un'Italia che crede con molta facilità alle fake news. A caderci più spesso sono gli utenti tra i venticinque e i trentaquattro anni di età (63%), seguiti a poca distanza dagli over trentacinque. Solo dopo i sessantacinque anni di età la percentuale di utenti che credono alle fake news scende sensibilmente. E, a differenza di quello che si può immaginare, i soggetti istruiti non sono immuni alla disinformazione. Anzi, il sondaggio ha rilevato che sono proprio i soggetti con un alto livello di scolarizzazione a lasciarsi ingannare più spesso. Il che rivela ancora una volta la natura insidiosa delle bufale, che riescono ad anestetizzare anche il senso critico di chi ha passato gran parte della vita sui libri.
I dati di Demos-Italiani.coop sono sorprendenti anche sotto il profilo politico. Tra gli elettori del PD il 33% ha dichiarato di aver creduto almeno una volta a una fake news, tra quelli della Lega il 37%. Gli elettori di Forza

REGOLA 12

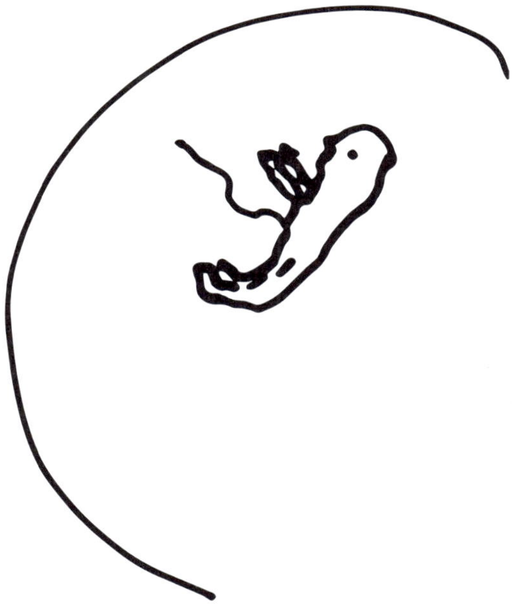

PER LE COPPIE IN ATTESA DI UN BAMBINO: ANDATE DI ECOGRAFIE. FANNO MOLTA PRESA. TUTTE LE ECOGRAFIE. I LIKE FIOCCHERANNO. LE FRASI CONSIGLIATE SONO: "IN TRE...", "VITA DENTRO DI ME...", "TI STIAMO ASPETTANDO...", "SOLO CHI HA FIGLI PUÒ CAPIRE...", "LA VITA....".

Italia che affermano di avere creduto a fake news sono, invece, il 49%. Sul gradino più alto del podio troviamo gli elettori del Movimento 5 Stelle, con il 51% di intervistati che è inciampato almeno una volta in una fake news.

Questi dati disegnano una realtà che vive sotto la costante minaccia del falso. Il mondo della comunicazione politica è una bolla all'interno della quale tutti quanti dicono la loro senza pensare che magari quella bolla è stata creata ad arte.

I POLITICI INFLUENCER

Ormai i politici hanno adottato lo stile degli influencer. Ci sono arrivati per tappe, allenandosi per anni in TV e prendendo esempio da Berlusconi, ma oggi tutti hanno una presenza importante sui social. D'altra parte perfino papa Francesco è approdato su Twitter. Quest'ultima piattaforma resta il punto di riferimento principale per chi cerca informazioni su temi di attualità, politica ed economia, ma i nostri politici si stanno sempre più spostando verso Facebook e Instagram, meno autorevoli ma più popolari. È su questi media che si trasformano davvero in influencer, assumendo toni e atteggiamenti più consoni a celebrità del mondo della moda o della musica che a rappresentanti di Stato.

Blogmeter, società specializzata in *media monitoring* e *analytics*, ha analizzato i flussi comunicativi sui social durante la campagna elettorale delle politiche del 2018. Il primo dato emerso è che i social hanno un ruolo sempre più importante per la propaganda. Blogmeter ha infatti individuato 6,7 milioni di messaggi dedicati alle imminenti elezioni, per un totale di 30,4 milioni di interazioni (like, retweet, commenti, condivisioni). I volumi generati sono raddoppiati rispetto a quelli registrati pri-

ma delle elezioni del 2013. Anche in campagna elettorale Facebook resta il medium più utilizzato, con il 59% dei messaggi e il 91% delle interazioni. In seconda posizione troviamo Twitter, con il 36% dei messaggi, mentre Instagram è al secondo post per le interazioni generate.
I partiti che hanno generato più *buzz* – ossia il passaparola in rete – sono stati il Movimento 5 Stelle e il Partito Democratico. Tra i leader, invece, spicca Matteo Salvini, che nel mese di febbraio ha suscitato 4,6 milioni di interazioni. Seguono Luigi Di Maio con 3,7 milioni e Giorgia Meloni con 1,6 milioni. Se per molti versi questi dati sono allineati ai risultati emersi in seguito dalle urne, per altri, invece, si riscontrano discordanze. Non necessariamente il *buzz* che si sviluppa attorno a un partito si traduce, infatti, in consenso elettorale. Spesso si può essere al centro della discussione anche per le campagne avverse degli altri partiti. Come nel caso del PD, che ha ottenuto un risultato elettorale deludente, anche se il nome del partito è circolato in modo virale sui social durante tutta la campagna elettorale.

A questo proposito, mi torna in mente il caso di un candidato sindaco di una città in provincia di Foggia. Nei suoi comizi attaccava il sistema parlando in dialetto e senza disdegnare parolacce ed espressioni volgari. Con il suo atteggiamento "ruspante" riusciva a riempire le piazze. In qualche caso ai suoi comizi hanno presenziato anche trentamila persone. I suoi slogan sono diventati hashtag di tendenza e i suoi discorsi sono diventati virali. Per il nostro candidato sindaco sembrava fatta: tutto quel consenso di piazza e quel sostegno, tutte quelle interazioni e condivisioni sui social dovevano per forza tradursi in un risultato elettorale di grande successo. E invece il giudizio delle urne è stato spietato: il nostro amico è riuscito a racimolare solo 521 voti, pari a un misero 1,84%. “Ma non è possibile! – ha subito inveito lui. – Ci sarà sicuramente sotto qualche broglio elettorale”. Trentamila persone in piazza e migliaia di condivisioni non potevano tradursi in un misero 1,84% di consenso! Ne era così convinto che, oltre a gridare allo scandalo, ha perfino presentato una denuncia in procura. Come nel caso di Ninetta, nessuno gli aveva mai spiegato che la sua popolarità non equivaleva esattamente a un consenso.

Il nostro amico candidato avrebbe avuto bisogno di qualche dritta di Sabino, che ha costruito un grande business organizzando le campagne elettorali dei politici sui social. Negli ultimi mesi si è occupato di un onorevole, curando ogni aspetto della comunicazione. E anche in questo caso ha individuato una serie di regole di base per i politici che vogliono avere successo sui social.
Si comincia dal look, che ormai deve essere adeguato agli standard di Instagram. Via le cravatte, via i mobili antichi sullo sfondo delle foto e soprattutto via l’aria da politico (vale anche per quei candidati che hanno alle spalle una decina di mandati di governo di ogni ordine e grado). Le parole chiave sono “nuovo” e “cambiamento”. Quindi, sì all’abbigliamento casual, ai giubbottini di jeans e alle scarpe da ginnastica, l’importante è che

non siano capi firmati o troppo costosi. Molto meglio scegliere abiti alla portata di tutti. Se il candidato ha la sfortuna di ritrovarsi una faccia da santino della Prima Repubblica, non c'è problema. Basta mettergli in mano una birra o una bibbia e poi pubblicare una storia sui social che dice qualcosa tipo "Stasera relax con amici dopo una giornata pesante, ma so che voi siete con me". Tutto andrà alla perfezione.

Bisogna dare un taglio anche ai modi di fare propaganda del passato. Basta con i manifesti e i dépliant: servono a poco, molto meglio affidare ogni informazione ai social. La pagina social deve contenere tutte le informazioni più interessanti riguardanti il candidato. Deve diventare, insomma, una sorta di commistione tra una carta di identità, il menu di un ristorante e il diario segreto di un adolescente. Sabino raccomanda sempre di insistere con i post sulla vita personale e sulla famiglia. E il comune denominatore di ogni post deve essere la felicità, quella felicità semplice, alla portata di tutti, che sta alla base del consenso politico. Si parte con il post mattutino. In primo piano la tazza del caffè e l'immancabile didascalia "Buongiorno, vi va un caffè?" oppure, in alternativa: "Il mio vero caffè, quello che mi dà la carica ogni mattina, è il vostro sostegno". Si prosegue con una foto della corsetta quotidiana, un'altra davanti alla pasta al forno a pranzo, fino al momento topico dell'uscita da scuola del figlio. Non bisogna tralasciare niente, ovvio, nemmeno la visita pomeridiana alla mensa della Caritas e la spesa al centro commerciale con moglie e suoceri

REGOLA 13

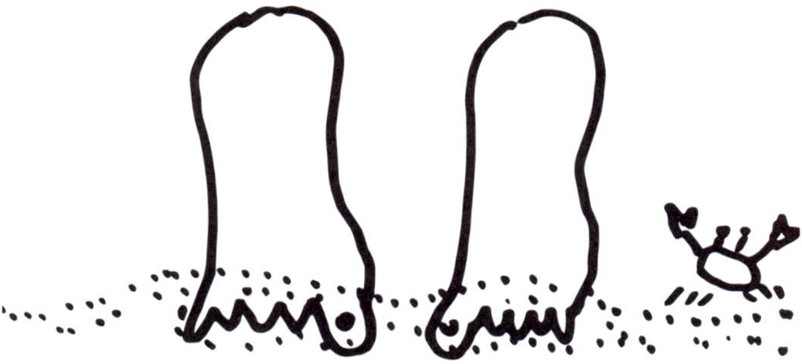

SE AVETE I PIEDI BRUTTI NON PREOCCUPATEVI, USATE LA SABBIA: INFILATE I PIEDI NELLA SABBIA FINO A COPRIRE LE VOSTRE DITA A ZAMPA DI TACCHINO, SE NON C'È SABBIA USATE LE ALGHE. E POI: "VIVERE SCALZI...", "SABBIA ED È SUBITO ESTATE".

prima di cena. Le pagine social devono strabordare di foto che nulla hanno a che fare con l'attività politica. Di messaggi politici non deve esserci traccia, a parte qualche riferimento al sovranismo, che comunque funziona sempre. Anche quando il contesto di una foto è il barbiere sotto casa o la ferramenta del quartiere, bisogna fare riferimento in maniera indiretta alle parole chiave: "famiglia", "figli", "serenità".

Per avvicinare il politico alla gente comune ci sono poi altre tecniche, come quella dell'errore voluto. Su questo Trump ha fatto scuola. Sono ormai leggendari i suoi tweet pieni di strafalcioni, che ovviamente vengono condivisi massicciamente non solo dai sostenitori del presidente, ma anche dai suoi detrattori che ne approfittano per dileggiarlo. I social media manager della Casa Bianca hanno spiegato che in questi casi il presidente trae comunque un grande vantaggio, perché i suoi tweet diventano molto più virali del normale. Credo che anche in Italia qualcuno usi la stessa tattica. È come se io pubblicassi una mia foto davanti a un bel piatto di spaghetti con una didascalia che dice: "Buonissimi questi cannelloni!". Molti dei miei detrattori condividerebbero il post per dimostrare che non capisco niente di pasta, magari commentando anche con qualche parolaccia e insulto. Intanto però la mia foto comincerebbe a circolare, spingendo qualcuno a intervenire in mia difesa. I detrattori di riflesso risponderebbero più agguerriti. E, insomma, in poco tempo avrei fatto nascere una bella polemica attorno al mio piatto di spaghetti e avrei suscitato la solidarietà di tante persone. Anche gli errori, quindi, sono un ottimo mezzo per creare *buzz* e ottenere consenso. Sabino ci insegna, insomma, che la tecnica più importante è quella di appropriarsi del linguaggio della gente comune. In pratica il candidato deve essere uno di noi e mostrarsi felice e forte. Deve suscitare la nostra immedesimazione e spingerci a proiettare su di lui il nostro desiderio di realizzazione. È colui che si avvicina all'acquario per darci il cibo, ma deve sembrare uno dei pesci che nuotano con noi.

CONCLUSIONE

LA VITA QUOTIDIANA AI TEMPI DELLA FELICITÀ AUMENTATA

Felicità, consenso e tempo: sono questi gli elementi su cui riflettere per capire dove stiamo andando. La necessità di esibire felicità sempre e comunque e di inseguire il consenso ha cambiato il nostro modo di rappresentarci. E ha modificato la qualità del nostro tempo, che ormai è scandito dagli smartphone e dai social.
Questa frenesia di scrivere commenti, attendere risposte, scorrere post, contrattaccare ha cambiato radicalmente le nostre abitudini. Se prima iniziavamo la giornata con gesti semplici e rilassanti come sorseggiare un caffè o fare una sana pipì, oggi come prima cosa, appena svegli, ci avventiamo sul telefono per controllare le notifiche. Il caffè e la pipì possono attendere. Prima vengono le storie di Instagram e gli ultimi post di Facebook. A volte bastano le tendenze di Twitter per far prendere una piega diversa alle nostre giornate.

Se è esplosa una discussione attorno a un tema che non conosciamo, ci buttiamo a capofitto a cercare informazioni su Google per poter dire la nostra opinione ed es-

sere presenti. In questo modo ci priviamo anche degli ultimi momenti di intimità e di pace che ci sono rimasti. Abbiamo abolito le pause.
Il concetto di pausa, che nella musica è essenziale tanto quanto le note, sta diventando sempre più insignificante nelle nostre vite. In fondo che cos'è una pausa nell'era della felicità aumentata? Tempo perso. Minuti rubati al continuo lavoro di ricerca di consenso e pubblico. Le pause sono portatrici di riflessioni, dubbi, ricordi e pensieri non necessariamente felici: tutte cose che oggi non ci interessano e che non possiamo permetterci. E così le abbiamo cancellate, annegandole nelle chat istantanee, nelle app e in tutti i mezzi di distrazione che il mondo virtuale ci mette a disposizione.
Nemmeno durante le vacanze, che dovrebbero essere appunto delle pause dalla vita frenetica di tutti i giorni, siamo immuni alla sindrome della felicità aumentata. Non a caso le foto dei nostri viaggi si assomigliano tutte. Che ritraggano coppie, genitori, bambini, famiglie al completo, il sottotesto è sempre lo stesso: "Guardate come siamo belli! Guardate come siamo felici!". Il contesto ormai è irrilevante. Conta solo esibire la felicità per raggiungere uno scopo. Sfornare post, foto e messaggi che ci portino consenso. È un fenomeno che noto puntualmente ogni volta che faccio un viaggio. Il turismo si è adeguato alla logica della felicità aumentata, secondo la quale è più importante "mostrare" che "vivere".

Durante una vacanza ho partecipato a un tour organizzato, di quelli dove si parte in comitiva a bordo di un pulmino e si visita un paese o una regione facendo diverse tappe. Mentre viaggiavo, tra una tappa e l'altra, seduto su quei sedili in ecopelle conditi di patatine al formaggio e sbiaditi dal sole, ho avuto tempo per riflettere. E ho capito che il tour, con l'autista e la guida che ci seguiva passo per passo e che in molti atteggiamenti mi ricordava il mio amico Sabino, era stato concepito in modo che i turisti potessero mostrare i luoghi che visitavano, non per farglieli "vivere".

Per esempio, quando ci siamo fermati a visitare un sito archeologico, la guida non ha iniziato a darci notizie sulla storia del posto. La prima cosa che ha fatto è stata mettersi a urlare: "Se vi fate un selfie da quel punto, potete inquadrare tutto il sito archeologico. Da laggiù, invece, rischiate di tagliare la piramide". E per il resto della visita le informazioni che abbiamo ricevuto sono state tutte di questo tenore. Dopo ogni scatto correvamo subito sul pullman per raggiungere la tappa successiva e ricevere altri preziosi consigli per i nostri selfie d'autore. Ciononostante, a nessuno dei turisti che viaggiava con me è venuto in mente di protestare. Anzi, ogni volta si mettevano in coda ubbidienti. Più che un tour turistico quel viaggio si è trasformato in un selfie tour turistico, una specie di catena di montaggio. La cosa ancora più esilarante è stata che alla fine le foto erano tutte identiche. Se non ci credete, provate a fare un esperimento e sbirciate le pagine social di due persone che hanno fatto lo stesso viaggio: troverete una sfilza di scatti fotocopia privi di ogni originalità.

Al di là degli aspetti divertenti, però, quel viaggio mi ha lasciato una profonda sensazione di tristezza. Perché quasi nessuno intorno a me è riuscito a vivere il momento, e a calarsi nell'atmosfera dei luoghi. I partecipanti al tour non si sono goduti l'esperienza, il piacere della scoperta, anzi c'era un senso di ansia nella ricerca spasmodica del selfie perfetto. Sui loro volti non ho mai visto quella stessa felicità che mostravano su Instagram con i vari filtri paesaggio. Proprio a seguito di quel viaggio, che ho abbandonato dopo due giorni, ho cominciato a pensare che oltre all'esigenza di rappresentare la propria felicità sta crescendo anche il desiderio di suscitare invidia.

Non solo i miei compagni di viaggio, ma un po' tutti i turisti che si avventurano in tour di questo tipo passano più tempo a caricare le foto sulle loro pagine social o ad arrabbiarsi perché manca la rete che a godersi gli angoli spettacolari del nostro pianeta. Invece di sgranare gli occhi davanti a un monumento storico o a un panorama mozzafiato, li tengono puntati sullo schermo dello smartphone in attesa di vedere spuntare una mezza tacca in più di connessione o la notifica di un commento alla foto appena caricata. All'incapacità di essere presenti e di vivere il momento si aggiunge l'insofferenza per qualsiasi intoppo. Ho visto gente lamentarsi perché non c'era campo all'interno di una foresta asiatica. Cioè in uno dei pochissimi luoghi al mondo dove puoi davvero disconnetterti da tutto e ritrovare un po' di pace. Era chiaro che quelle persone non stavano vivendo il viaggio. Non lo vedevano, non lo assaporavano, non ne sentivano gli odori, era tutto filtrato dallo schermo del loro smartphone. E tutto questo perché non stavano viaggiando per scoprire dei luoghi e provare delle sensazioni, ma per costruirsi un'immagine di viaggiatori vendibile agli altri.

Ogni volta che faccio un viaggio e assisto a situazioni di questo tipo non posso fare a meno di provare amarezza, perché ormai ci stiamo perdendo tutte le cose belle della vita. Di fronte a tramonti di una bellezza assoluta, fatti di luce e colori perfetti, che dovrebbero illuminarci e ispirarci nuovi pensieri, l'unica cosa che ci viene in mente di fare è scattare una foto, mettendo un oggetto, un filtro, una barriera tra noi e quella meraviglia. Innalziamo muri tra noi e la realtà. E tutto per ricevere consenso in forma di commenti, che poi, diciamocelo, alla fine sono sempre uguali. "Che meraviglia! Vorrei essere lì con voi!", "Ve lo meritate", "Anche io sono stato lì, l'anno scorso. Mi raccomando andate a visitare il tempio di kaka", "C'è ancora il bar che fa la granita siciliana versione Madagascar?", "Portatemi una calamita!".

Il tour che ho abbandonato a metà più che un'esperienza di viaggio è stato il laboratorio in cui è nata l'idea di questo libro, oltre che una riserva praticamente infinita di aneddoti. Le coppie offrivano gli spunti più divertenti. Ne ricordo alcune in cui le donne erano più simili a mantidi religiose che a compagne innamorate. Avevano mille pretese, tra cui quella di obbligare i partner a trasformarsi in fotografi di alta moda mentre loro si contorcevano in posizioni assurde che in vita mia ho visto assumere solo da mia nonna quando ha avuto i calcoli renali. Me ne ricordo una a cavalcioni di uno scoglio, dietro un albero di banane, mentre un dentice risaliva la corrente e un pappagallo le sfiorava i capelli; un'altra, sdraiata a pancia in giù su una canoa indigena, insisteva perché il compagno la ritraesse dal suo profilo migliore, senza però tralasciare la colonia di formiche che marciava sul remo posto alla base del suo décolleté. Vi lascio immaginare i volti rassegnati dei poveri mariti o compagni fotografi, che come cagnolini fedeli seguivano le compagne in questo percorso di vanità e venivano puntualmente redarguiti se non seguivano correttamente le disposizioni: "E non farmi foto dal basso, sennò le gambe vengono fuori più grosse di quello che sono in realtà!"; "Devi scattare mentre sto facendo finta di guardare qualcuno e tengo la bocca aperta come se stessi parlando. Così la foto sembra più naturale". Oggi tutte queste scene esilaranti le viviamo come frivolezze, ma forse un giorno scopriremo che ci troviamo di fronte a patologie serie che provocano danni irreparabili al cervello.

Nella mia esperienza i più soggetti a questi eccessi di vanità sono gli adulti. Trovo che in confronto i ragazzi siano molto più spontanei. Mi capita spesso di incontrarli nelle scuole e di affrontare con loro il tema dei social. E, sarà che sono nati con lo smartphone in mano, ma mi sembra che siano più consapevoli dell'uso che fanno dei social e che siano più capaci di tenere separata la vita virtuale da quella reale. Gli over, invece, sono la vera tragedia dei social. Mi riferisco soprattutto alla fascia d'età che va dai trentacinque ai settant'anni (anche se in alcuni casi si arriva pure agli ottanta).

Sicuramente sarà capitato anche a voi di ricevere notifiche tipo "Antonietta Savonarola è in diretta", per poi ritrovarvi davanti l'immagine di una Over che ha avviato la diretta inconsapevolmente ed è intenta a smanettare con lo smartphone per capire come funziona. Un errore confermato da un primo piano stretto sulla faccia di Antonietta, il cane che abbaia in sottofondo e frasi tipo: "Spegni sotto al sugo che si brucia!", "Ma come funziona stu cazz di telefono", "Lella, scusa, che vuol dire 'ora sei in diretta'? Oh, ma qua mi stanno scrivendo! Vieni a vedere che succede!". Poi ci sono quelli che invece, la diretta, decidono di provarla consapevolmente. Di solito scuotendo il telefono tipo maracas, mentre girano per tutta la casa alla ricerca del punto migliore in cui filmarsi. Una volta trovata la posizione, cominciano a gridare frasi a caso, accompagnate da risate scomposte: "Mariaaa, mi vedi? Meh, e metti un commento qua!". Le disavventure degli Over, per loro sfortuna, non si fermano qui. Sempre a causa della loro scarsa dimestichezza con i mezzi tecnologici non è raro che si ritrovino a pubblicare cose che invece avrebbero voluto condividere solo in privato. Oppure che pubblichino foto orientate in modo sbagliato, che per vederle devi girare il telefono e bloccare la rotazione automatica. O ancora che inseriscano foto di Torino scattate di notte nel gruppo di Facebook "Sei di Reggio Calabria se...".

È tutto fantastico e anzi ci troviamo in un mondo fantastico, un mondo che però, nella maggior parte dei casi, non riusciamo più a vivere, ma dobbiamo subire. Non credo sia normale, per esempio, fare foto a tutto quello che mangiamo, a casa e al ristorante. Non ci interessa che il piatto nel frattempo rischi di diventare freddo, l'importante è che la foto venga bene. E non c'è solo lo scatto, poi bisogna riflettere bene sulla didascalia che accompagna la foto. "Che frase potrebbe starci sotto alla scarola in salsa di paprica?", ci domandiamo. E intanto la scarola si fredda e noi ci isoliamo dagli altri commensali. Già in tempi non sospetti Sabino, che arriva sempre prima di tutti, aveva pensato di aprire un locale solo per fare foto. Un ristorante vero, con tanto di tavoli apparecchiati, camerieri e cibo impiattato alla perfezione, dove però non si mangia, ma si passa il tempo a fotografare. Praticamente entri, ordini, fotografi, posti e paghi. Degustare le varie pietanze non serve, tanto alla fine una volta che le hai postate è come se le avessi mangiate. La mente diabolica di Sabino aveva previsto tutto: conti salatissimi, perché con un ristorante così avveniristico avrebbe potuto permetterselo; grande risparmio sulla materia prima, tanto avrebbe fatto girare sempre gli stessi piatti; pubblicità gratuita sui social e recensioni positive a pioggia, senza doversi preoccupare della reale bontà dei piatti.

La schiavitù della felicità aumentata ha come conseguenza anche un'omologazione generale. Ormai c'è un'uniformità di punti di vista su ogni aspetto della real-

REGOLA 14

LA FOTO A "MUSO DA BACIO" VA MOLTO. SERVE A NASCONDERE LE RUGHE E A SNELLIRE IL VOLTO. DA QUALCHE TEMPO SI USA LA FOTO DI PROFILO CHE, RISPETTO A QUELLA FRONTALE, NASCONDE ANCHE LE PROPORZIONI EVENTUALMENTE NON ECCEZIONALI DEL VOSTRO VISO. LE FRASI SONO SEMPLICI; SI VA DA UN "BUONA GIORNATA VI BACIOOOOO" A "VI MANDO DOLCEZZA, E VOI ME LA MANDATE?".

tà. In questo gli Over sono i più ligi, un'intera generazione che percorre la stessa strada. Foto tutte uguali, post tutti uguali e link tutti uguali e, come conseguenza, anche un modo di esprimersi tutto uguale. Un po' come i Carabinieri che nei verbali usano sempre gli stessi termini: "immantinente", "soggetto già noto", "avventore", "nell'impeto". Il linguaggio è identico sia che scrivano dalla caserma di Catanzaro sia da quella di Bergamo. Così anche il linguaggio dei social si basa su poche parole. Se ci fate caso, usiamo sempre le stesse espressioni, come "daje" e "tanta roba". A volte il testo non serve nemmeno più, basta un'emoticon. E, come risultato, il nostro vocabolario si impoverisce ogni giorno che passa.

A voler essere drastici, stiamo azzerando ogni forma di discussione, sui social e di conseguenza anche nella vita reale. Siamo sempre più chiusi in noi stessi e ci rivolgiamo agli altri solo con domande di circostanza. Spesso anche le nostre risposte sono stringate e incomplete. Il meccanismo della felicità aumentata ci fa credere che un punto di vista diverso possa rappresentare un ostacolo o addirittura una minaccia. Con questi presupposti non solo i singoli utenti dei social, ma anche i media, gli influencer e tutti i professionisti dell'informazione si limitano a trattare temi dal consenso facile, tralasciando argomenti e punti di vista che vanno contro corrente. Più che censurarci, i social stanno producendo una nuova generazione di utenti che si autocensurano, per paura di perdere consenso o, nella peggiore delle ipotesi, di diventare bersaglio di commenti negativi e violenti.

Come nelle dittature, oggi viviamo in una società in cui ogni forma di dissenso viene neutralizzata, con la sola differenza che, mentre le dittature impongono l'omologazione dall'alto e puniscono duramente la disobbedienza, noi scegliamo volontariamente di adeguarci alla maggioranza.

Questo, come abbiamo visto, accade soprattutto davanti a grandi temi come l'immigrazione, il razzismo, la diversità, l'ecologia. Quando ci troviamo davanti a un post o a una discussione potenzialmente pericolosa, scatta come un campanello d'allarme che ci impedisce di esprimere il nostro punto di vista. "Non sono affatto d'accordo sulla chiusura dei porti, ma chi me lo fare a scriverlo? – pensiamo. – E se poi mi becco una raffica di insulti e bestemmie?". In questo contesto vince chi sa cavalcare i temi populisti e chi urla di più, anche se non necessariamente detiene il consenso della maggioranza. La tendenza a non esprimersi e a reprimere il dissenso genera un consenso falsato e di conseguenza produce falsi leader.

La felicità aumentata, dunque, ha un peso sempre più determinante per gli individui e per la società nel suo complesso, ma è ancora un fenomeno tutto da studiare. Ci adeguiamo alle sue logiche, anche senza volerlo, e nella maggior parte dei casi senza nemmeno esserne consapevoli. Sono "felicitaumentati" i viaggi, le vacanze, le amicizie, gli affetti, perfino i piatti di pasta al forno che pubblichiamo. Praticamente ormai viviamo dentro le nostre pagine social. Ci riaffacciamo sulla realtà solo di tanto in tanto alla ricerca di qualcosa da postare, qualcosa che possa accontentare il nostro pubblico e portarci consenso. Con questo, non intendo generalizzare né dare un giudizio morale sul nostro tempo, ma è un dato di fatto ormai che abbiamo due vite, una virtuale e una reale. E spesso curiamo molto di più quella virtuale.

L'ITALIA IN QUARANTENA

Ci sono avvenimenti in cui le carte si sparigliano e i nostri atteggiamenti, anche virtuali, subiscono modificazioni profonde. Sto parlando dell'emergenza Coronavirus. Qualcosa è cambiato durante i mesi di lockdown, non solo nelle nostre abitudini di vita reale ma anche in quelle virtuali. Per molti la rete è stata un'ancora di salvezza nell'affrontare la solitudine. I primi mesi del 2020 sono stati un vero big bang per il web, che da un lato ha dimostrato di poter offrire opportunità inedite agli utenti e dall'altro ha creato nuovi mostri. I mesi in cui abbiamo dovuto fronteggiare la pandemia possono essere divisi in tre fasi – e non parlo di quelle scandite e definite dalle varie conferenze stampa del premier, ma di tre stadi evolutivi dell'*homo social*. Il primo è quello dell'inizio dell'emergenza, il secondo è coinciso con la seconda parte del lockdown e il terzo è stato quello del "liberi tutti", sancito dall'ormai fatidica data del 4 maggio.

Nella prima fase solidarietà e beneficenza sono state per giorni le parole chiave che hanno invaso le nostre bacheche. Nel complesso il web ha avuto una netta trasformazione, passando dal "vuoto" alla sostanza, chiedendo a tutti i suoi attori maggior responsabilità e coinvolgimento attivo. Secondo Sensemarkers, un'azienda che si occupa dell'interpretazione dei dati relativi alla navigazio-

ne, comportamento e profilo socio-demografico degli utenti della rete, i primi dieci giorni di "Italia zona rossa" hanno completamente mutato l'approccio a Facebook, Instagram e Twitter, oltre ad aver lasciato in mano a YouTube parte dell'intrattenimento. Dalla curvatura delle interazioni emerge che in quella forchetta temporale sono diminuite le polemiche e ridotte le polarizzazioni. Nei giorni della quarantena il web è diventato il mondo reale, con tutorial improvvisati e dirette condivise. Su Instagram la parola chiave è stata solidarietà, con campagne di raccolta fondi lanciate dagli influencer e non solo. Facebook, invece, è stato il mezzo della comunicazione ufficiale, con annunci e conferenze istituzionali da parte del governo e delle varie figure di controllo e gestione dell'emergenza. Anche l'informazione ha raggiunto molti più utenti e in modo particolare le testate locali, che hanno visto aumentare in maniera esponenziale le interazioni, fino al 400%. Su Twitter, invece, l'inversione di tendenza più rimarchevole è stata quella legata alle "bufale" che, secondo la Fondazione Bruno Kessler, sono diminuite considerevolmente anche in virtù dell'attività di un inedito esercito di utenti pronti a precisare, sottolineare e denunciare le false informazioni.
Al di là di analisi e numeri, abbiamo potuto assistere al cambiamento con i nostri stessi occhi, durante quel mese di #iorestoacasa. #

Chat e videochiamate hanno aiutato tutti a sentirsi meno soli. Abbiamo scoperto quanto lo smartphone sia alla base di quasi tutte le nostre relazioni, e nel periodo di isolamento il cellulare ci ha aiutato a superare le difficol-

tà quotidiane. Ma a un certo punto la situazione è sfuggita di mano. Abbiamo seguito corsi per fare ginnastica in casa, videoricette, sono partite le dirette di cantanti e attori, poi le dirette di chiunque. Per esempio, una mattina subito dopo la chiusura totale dell'Italia, mentre facevo colazione intorno alle nove, mi arriva una notifica Instagram: mia zia è in diretta. Mi collego e vedo che, mostrando al mondo il callo del piede, una cipolla sul mignolino, la zia chiedeva consigli su come toglierlo. Una schifezza totale che però ha creato una piccola comunità di gente con calli ai piedi che sciorinava soluzioni come l'ago incandescente intinto nel Primitivo di Manduria. L'apoteosi è stata quando il cugino di mia zia è entrato nella diretta per far vedere la sua unghia incarnita: ma è stato subito bloccato perché tacciato di essere portatore di OT. Lui, fraintendendo il significato dell'acronimo (OT: Off Topic) con una malattia tipo Covid-19, ha tentato di giustificarsi dicendo che aveva fatto le analisi da poco.
Finito il caffè, sono uscito nel mio giardinetto all'interno del cortile condominiale e non vi nego che per qualche secondo ho rimpianto le lunghe giornate di lavoro fuori casa. Nel palazzo di fronte, il dirimpettaio "in forma", chiamato dal vicinato tricheco podolico, inscenava una seduta di zumba fitness. Da quel che ricordo la sua unica attività fisica prima del coronavirus era prendere roba dal frigo e mangiare: eppure ora ci credeva così tanto da aver programmato una sessione mattutina e una pomeridiana, almeno fino a quando l'amministratore di condominio l'ha bloccato perché preoccupato per la stabilità del balcone.
Qualche finestra più in là, c'era la mistica che diffondeva

via altoparlanti infinite sequenze di rosari, messe e, alle 18, i numeri dei morti. Alle 18.07, infatti, scattava l'ora della divulgazione. C'era chi usava Messanger, chi Telegram o Signal, altri Twitter, la maggior parte WhatsApp. Il tenore dei messaggi cambiava da utente a utente: quelli più positivi segnalavano il dato del Molise, mentre i pessimisti partivano dal numero dei deceduti giornalieri. Anche in questo caso le parole erano sempre le stesse: sembrava di rivivere la fase degli auguri natalizi col solito copia&incolla "a te e famiglia". Solo che in questo caso la formula era #andratuttobene.

Tornando al mio cortile, chi mi ha fatto più pensare è stato l'occupante del quarto piano. La sua quarantena era diventata una sorta di routine militare. Sveglia alle 7.30 con Bocelli; seguiva, alle 12, l'inno di Mameli; alle 19 si chiudeva con il minuto di silenzio. Il tutto cadenzato dai ripetuti "l'Italia ce la farà" a cui l'occupante del quarto piano si lasciava andare – forse memore di altri balconi del Ventennio – innumerevoli volte al giorno, anche di notte. Peggio di lui, solo la figlia, una Britney Spears mancata, nota alle cronache per aver partecipato a diversi concorsi canori di paese, senza mai vincerne uno. Il balcone per lei si era trasformato nel palco dell'Ariston: concerti improvvisati in ogni momento della giornata. Voi direte: un buon modo per passare la quarantena, un po' di musica live. Teoricamente sì, se non fosse che il suo talento canoro non è superiore a quello del clacson dell'autobus di linea Bari-Grottaglie. Non a caso la sua ascesa si è fermata alle preselezioni della sagra della trippa.

Ma torniamo ai numeri che fotografano il web durante

il lockdown. Un'indagine di Toluna chiarisce cosa cercavano gli italiani sui social durante la quarantena. I più giovani hanno utilizzato il mezzo social per veicolare iniziative di solidarietà e beneficenza, lo ha fatto uno su due, e il 40% ha utilizzato il proprio profilo per amplificare e pubblicizzare le iniziative a sfondo benefico. Oltre a guardare il profilo dell'amante del vicino, della zia di turno o di un parente, gli utenti in questo periodo hanno frequentato come mai prima profili legati all'informazione o a figure istituzionali (il 54% ha utilizzato un social network per informarsi sul coronavirus). Molti utenti si sono improvvisati giornalisti, postando dati e informazioni più o meno veritieri legati alle varie veline di agenzia che si avvicendavano durante le prime giornate di lockdown.

Tutti giornalisti, quindi. Ma anche tutti chef. Su Facebook era un tripudio di piatti cucinati in casa che si alternavano a tricolori e post su come fabbricare in casa mascherine e l'amuchina. Il piatto più indicizzato, nella mia personale hit, è stato la pasta al forno. Ma il re in assoluto è stato senza dubbio il pane. Il lievito di birra era diventato il nuovo Santo Graal, c'erano gruppi WhatsApp che si scambiavano dritte su dove trovarlo, persone che si svegliavano alle sei di mattina per essere le prime ad acquistarlo e poi postare il bottino di qualche cubetto nelle proprie *stories*. Non mancavano i furbi, come il mio amico di Cerignola, che comprava il pane al panificio, poi lo metteva nel forno e postava la foto con frasi di questo tipo: "oggi è venuto proprio bene #ilpanefattoincasa #quandofiniscelaquarantena-

miaprounpanificio #beataachimisposa" e ci aggiungeva sempre l'irrinunciabile #labelladicerignolaseitu, forse riferito alla baguette.
Durante questa prima fase è stata la paura a rivelarci cosa manca nelle nostre vite. Ci ha fatto capire che forse una passeggiata in riva al mare vale più di una sessione di selfie in riva al mare, che la voce di un esperto è più autorevole del mio amico che ha sentito dire da un suo amico al bar del cugino che... Verrebbe da dire che, durante questa prima fase, il web sia diventato un posto meraviglioso. Purtroppo alla fase della paura è seguita quella della rabbia e quella del consenso a tutti i costi.

Se nella prima fase il consenso si otteneva e ricercava con gesti carini e un generale "vogliamoci bene", la seconda parte del lockdown è stata un tripudio di accuse e delazioni. Il cittadino modello non era più chi si distingueva per azioni umanitarie ma colui che puntava il dito sugli altri. Una sorta di caccia alle streghe nei confronti di chi non rispettava le restrizioni imposte dal governo. La caccia era condotta da utenti consapevoli e aggiornati su tutte le leggi e limitazioni previste dai DPCM. Scuole di pensiero commentavano le autocertificazioni che cambiavano ogni settimana e davano pareri legali pur avendo il diploma in elettrotecnica. In questo periodo anche la reazione alle fake news è cambiata: le piattaforme hanno rapidamente cancellato quelle che avvelenavano l'opinione pubblica e, visto che anche molti esperti sanitari erano più presenti sui social, era possibile controbattere le false notizie più velocemente. L'unico mezzo meno contrastato nell'ambito delle fake news è stato WhatsApp. Avendo una modalità di trasmissione diversa, più privata, è stato terreno più fertile per le varie battute di "caccia" al trasgressore. E così il momento dei flashmob sui balconi è stato sostituito da balconi presidiati come garitte su un grande campo di battaglia chiamato Italia: il momento delle candele, quello in cui si cantava l'inno nazionale, ha lasciato spazio alle urla di persone arrabbiate. Allora è stato un dilagare di video che mostravano persone fuori casa nonostante i divieti. E giù con i commenti negativi. Ma anche il videomaker improvvisato non aveva una motivazione valida per essere in giro. In alcuni cittadini la paura ha creato più intolleranza: il vicino che sbagliava è diventato un nemico e non una persona da educare o da comprendere. Ai video faceva seguito la caccia all'untore, con la pubblicazione di foto rubate dai profili social dei presunti positivi al coronavirus, con tanto di elenchi fatti girare via WhatsApp al solo scopo di avviare una nuova era dell'inquisizione, molto spesso senza neanche appurare la veridicità delle informazioni. Nessuna regola, nel Far West dell'emergenza.

A innescare questa forma di auto-protezionismo non è stato il senso di giustizia, ma il puro protagonismo e la ricerca del consenso. Un gioco che hanno ben capito i sindaci e gli amministratori locali, diventati le vere rockstar del web. In un primo momento il loro agire, anche improvvisato e surreale, aveva come unico scopo quello di tutelare la salute pubblica, ma una volta saliti a bordo del carrozzone mediatico hanno un po' tutti perso il controllo: il loro linguaggio è sceso a livello dell'utente medio-basso di Facebook. A questo hanno contribuito anche, e non in piccola parte, le scelte degli uomini di governo che hanno deciso di veicolare la comunicazione istituzionale, e quindi dello Stato, attraverso i profili personali Facebook che, ricordiamo, resta comunque una piattaforma privata. Un aspetto, questo, che rende ancor più labile il confine tra influencer e politico ma, a quanto pare, a molti piace essere governati più dagli influencer che dalle istituzioni. Se da un lato i politici hanno monopolizzato lo strumento social, la piattaforma con un colpo solo ha ricordato a tutti che il terreno su cui si gioca non è neutrale, ma un recinto privato dove se mi stanco del gioco tolgo la palla e mando tutti a casa. Questo è quello che è successo fra Twitter e Trump. In piena fase due, infatti, Twitter ha segnalato due tweet del presidente come "potenzialmente fuorvianti". La risposta di Trump è stata emanare un ordine esecutivo con l'obiettivo di ridurre la possibilità, da parte delle aziende che gestiscono i social network, di censurare o segnalare.

Nella seconda fase del lockdown, quindi, rispetto alla prima, si è ritornati un po' alle vecchie abitudini, considerando autorevoli quel personaggio o quelle informazioni a seconda delle proprie inclinazioni. Oltre ai giochi d'interesse dei politici e influencer, ci si sono messi anche illustri personaggi del mondo scientifico che, per qualche minuto di popolarità, hanno abbracciato una corrente o un'altra, creando disorientamento negli utenti pur di ottenere primi piani in TV e spazi sulle pagine di giornale. Forse anche loro in questa fase si sono fatti solleticare dalla foga del consenso. Nella mia stessa famiglia c'era la scuola di pensiero pro-mascherina, sostenuta da mia zia che ne aveva fatta una scorta adeguata al fabbisogno della Repubblica di San Marino, e una corrente anti-mascherina sostenuta da un'altra parente, convinta che provocasse un effetto serra capace di far crescere più velocemente i baffi. Ed entrambe le fazioni si sono create pretestuosamente il proprio pantheon di politici ed esperti scientifici a sostegno delle loro teorie.

In questa situazione di confusione generale ci si è avviati verso la riapertura dell'Italia, un momento in cui lo Stato ha dato fiducia ai cittadini. Dare fiducia agli italiani è come lasciare in custodia i propri risparmi a Tonino Poker, noto giocatore d'azzardo particolarmente sfortunato. Forse qualcuno del governo pensava di legiferare su una regione della Finlandia. Non voglio giocare sugli stereotipi, ma si sapeva dall'inizio come sarebbe andata a finire: movida, assembramenti negli ipermercati e ritorno alle vecchie e brutte abitudini. Il livello delle polemiche è sceso sempre più in basso, passando soprattutto attraverso la rete. Tra le polemiche, anche quella sull'app Immuni. In tanti hanno iniziato a pontificare sui rischi legati alla privacy. Si tratta indubbiamente di un argomento importante ma non può essere cavalcato da chi, proprio sul web, ha messo a disposizione di tutti informazioni, foto, parametri gps, audio, video non solo propri ma anche di altri. Tra i contestatori di Immuni c'è un mio amico molto attivo sui social. Carica almeno 25 foto al giorno, e rende conto di tutti i suoi spostamenti; lo sanno anche i ladri del suo quartiere, che usano il suo appartamento come un bancomat. Ha pochi follower, la maggior parte dei quali con precedenti per reati contro il patrimonio e furto con scasso.

"Liberi tutti" ha significato ritornare alle vecchie abitudini, anche nella rappresentazione di sé. A cambiare sono stati solo gli elementi ornamentali. Alle foto in macchina, sulla spiaggia o con il cocktail si è aggiunta la mascherina, non solo perché, come suggerisce Sabino, è un ottimo modo per nascondere dentature ippiche o nasi privi di convergenza. Ma perché fa fashion.
La natura che si riprende i propri spazi, le acque cristalline nei ruscelli, gli animali a passeggio, il ritorno a vivere una sorta di unità familiare, la riscoperta dell'interazione fisica come elemento fondamentale di un rapporto di amicizia, il valutare come superflue alcune spese nella nostra vita. Per un attimo ci ho sperato. Invece i miei sogni hanno fatto un frontale contro la realtà delle solite abitudini poco rispettose dell'ambiente, alimentate da egoismo ed egocentrismo. L'hashtag #andratuttobene si è trasformato nel giro di poco in #torneratuttocomeprima. Ogni speranza è caduta quando – a proposito dei disegni dei bambini appesi alle finestre e carichi di messaggi di speranza – mi è arrivato questo messaggio: "Puoi mettere mi piace al disegno di mio figlio per il concorso *L'Arcobaleno più bello del quartiere*?".

Questo volume è stato stampato presso
Elcograf S.p.A., via Mondadori 15, Verona
Stampato in Italia - Printed in Italy